Minerva Shobo Librairie

はじめて学ぶ
教育の制度と歴史

広岡義之/津田 徹
[著]

ミネルヴァ書房

は し が き

　本書は，2007年にミネルヴァ書房から出版された『教育の制度と歴史』の後継として位置づけられるものである。そして今回，新たに題名も変更して刊行されたものである。執筆者に関してきわめて悔やまれるのは，畏友の今井博教授が，教育学研究の志半ばで天に召されてしまったことである。今回の企画に際して本来であれば今井教授にも当然参加して執筆していただくはずだったが，それも叶わぬことになってしまった。そこで，ともに共著者で企画当初から関わっておられた津田徹教授に，今井教授のご担当箇所をも肩代わりして，執筆していただくことになった。

　第Ⅰ部のすべてと第Ⅱ部の第12章・第13章は従来どおり広岡の担当であるが，その内容については，章立てや大枠の小見出し表記等について，『教育の制度と歴史』で執筆したものを踏襲した。変更点は，写真や図表等が少し増えたことと，必要と思われる部分で説明文を追加して内容を補強したことである。その理由として，2015年に翻訳刊行されたアルベルト・レーブレ著『教育学の歴史』(*Geschichte der Pädagogik*，広岡義之ほか訳，青土社) の存在が大きい。*Geschichte der Pädagogik* は1951年に初版が公刊され，教育学専門家の間では，「教育科学の歴史的評価としての基準」になりうるとまで言われている。その証左としては，現在の時点ですでに23版を重ねている事実を指摘するだけで十分であろう。

　この原書はすでに『教育の制度と歴史』のなかでも参考文献として取り上げていたが，当時はまだ翻訳が完成しておらず，参照できる範囲が限られていた。しかし，今回の本書の刊行にあたっては，とくに第Ⅰ部の「西洋の教育制度と教育の歴史」において，その内容を遺憾なく発揮することができたのは幸いであったばかりか，本書の内容をさらに充実させる一助となったことはまちがい

ない。

　広岡担当以外はすべて，津田教授の分担となる。故今井教授が執筆された箇所も含めて，新たに書き下ろした内容となっており，とくに日本の現代の教育的諸課題等については最新の知見が織り込まれており，読者はおおいに参考になることであろう。

　本書は，主として大学生を対象とした教育制度・教育史の入門的概論である。内外の多くの研究者の成果を援用させていただいたが，テキストという性格上，引用註は省略せざるを得なかった。その代わりに，各章末に参考文献という形式で，諸文献を紹介している。これらの著者の方々にお許しを請うとともに，厚く御礼申し上げたい。

　また本書の企画から刊行に至るまで，ミネルヴァ書房社長の杉田啓三氏，営業部長の神谷透氏，そして編集部の深井大輔氏の温かいご配慮とご指導なしには完成することはできなかった。千の感謝を送りたい。

　私たちは今，教育制度と教育の歴史を学ぶスタートラインに立っている。主要な教育制度・教育の歴史の各時代の特徴とその変遷の必然性を深く学んでいただきたいと願っている。筆者たちは，さらなる自己研鑽に取り組むつもりである。顧みて，なお意に満たない箇所も多々，気づくのであるが，これを機会に十分な反省を踏まえつつ，大方のご批判とご教示を賜り，一層の精進に努める所存である。

　2019（令和元）年10月

　　　　　　　　　　　　　　　　　　執筆者を代表して　広岡義之

はじめて学ぶ教育の制度と歴史

目　次

はしがき

第 I 部　西洋の教育制度と教育の歴史

第1章　古代ギリシア・ローマの教育 ……3

1　古代ギリシアの教育と制度 ……3
2　アテネの人文主義教育思想 ……5
3　ヘレニズムの教育思想 ……11
4　古代ローマの教育 ……12
5　ローマの教育思想と教育制度 ……14

第2章　中世の教育 ……16

1　中世の幕開け ……16
2　キリスト教的思想 ……18
3　封建体制の教育制度 ……19

第3章　ルネサンス・宗教改革期の教育 ……22

1　ルネサンスと教育 ……22
2　宗教改革と教育制度 ……25

第4章　バロック時代の教育 ……29

1　実学主義の教育 ……29
2　バロックという時代精神 ……31
3　絶対主義と教育 ……33

第5章　啓蒙主義の時代の教育 ……37

1　ロックの教育思想 ……37
2　ルソーの教育思想 ……38
3　ペスタロッチの教育思想 ……40
4　教育の諸思潮 ……43

第6章　革命期の教育 ……46

1　イギリス市民革命と教育制度 ……46

iv

目　次

<table>
<tr><td>2</td><td>アメリカ独立革命時代の教育制度</td><td>47</td></tr>
<tr><td>3</td><td>フランス革命期の教育制度</td><td>48</td></tr>
<tr><td>4</td><td>イギリスの産業革命と教育制度</td><td>50</td></tr>
</table>

第7章　近代公教育制度の成立 ……53

<table>
<tr><td>1</td><td>ドイツの公教育制度</td><td>53</td></tr>
<tr><td>2</td><td>フランスの公教育制度</td><td>55</td></tr>
<tr><td>3</td><td>イギリスの公教育制度</td><td>56</td></tr>
<tr><td>4</td><td>アメリカの公教育制度</td><td>57</td></tr>
<tr><td>5</td><td>ロシアの公教育制度</td><td>58</td></tr>
</table>

第8章　19世紀の教育 ……61

<table>
<tr><td>1</td><td>フレーベル</td><td>61</td></tr>
<tr><td>2</td><td>ヘルバルト</td><td>63</td></tr>
<tr><td>3</td><td>ドイツの教育思想</td><td>66</td></tr>
<tr><td>4</td><td>スペンサーの功利主義</td><td>69</td></tr>
<tr><td>5</td><td>ロシアの教育思想</td><td>69</td></tr>
</table>

第9章　20世紀の教育 ……72

<table>
<tr><td>1</td><td>新教育運動</td><td>72</td></tr>
<tr><td>2</td><td>デューイの教育思想</td><td>75</td></tr>
<tr><td>3</td><td>アメリカ新教育の展開</td><td>76</td></tr>
<tr><td>4</td><td>諸国の新教育</td><td>78</td></tr>
<tr><td>5</td><td>本質主義の反論</td><td>79</td></tr>
</table>

第10章　世界の教育制度の改革と動向 ……81

<table>
<tr><td>1</td><td>教育の民主化</td><td>81</td></tr>
<tr><td>2</td><td>教育の国際化</td><td>86</td></tr>
<tr><td>3</td><td>技術革新への対応</td><td>86</td></tr>
<tr><td>4</td><td>現代教育への提唱</td><td>87</td></tr>
</table>

第11章　現代における世界の教育制度 ……92

<table>
<tr><td>1</td><td>学校体系の変遷について</td><td>92</td></tr>
</table>

2 日本の教育制度……………………………92

  3 アメリカ合衆国の学校制度……………95

  4 イギリスの学校制度……………………98

  5 フランスの学校制度……………………100

  6 ドイツの学校制度………………………102

  7 旧ソ連・ロシアの学校制度……………105

第Ⅱ部　日本の教育制度と教育の歴史

第12章　古代・中世の教育……………………111

  1 大陸文化の摂取…………………………111

  2 平安の仏教と貴族………………………114

  3 中世の武家教育と教育制度……………116

  4 中世の寺院と庶民………………………118

第13章　江戸時代の教育………………………121

  1 武士の教育制度と教育…………………121

  2 庶民の教育制度と教育…………………123

  3 徳川時代の諸学派の思想と私塾………125

  4 洋学の展開………………………………130

第14章　明治維新と教育………………………133

  1 明治時代の特徴…………………………133

  2 学制とその特徴…………………………135

  3 被仰出書と学制…………………………138

  4 制度の変遷………………………………142

  5 学校令……………………………………144

  6 お雇い外国人と教育政策………………147

  7 教育勅語…………………………………147

  8 義務教育制度と教科書制度……………150

目　次

第15章　大正〜戦中期の教育 ……………………………………… 153

1　大正デモクラシー当時の時代背景 …………………………… 153
2　大正自由教育 ……………………………………………… 154
3　臨時教育会議 ……………………………………………… 161
4　戦時体制下の教育 ………………………………………… 162
5　学徒出陣と疎開 …………………………………………… 163

第16章　戦後の教育 …………………………………………… 165

1　戦後の教育政策 …………………………………………… 165
2　単線型学校体系 …………………………………………… 168
3　教育制度の改革 …………………………………………… 169

第17章　現代の教育改革 ……………………………………… 177

1　1990年代の教育制度 ……………………………………… 177
2　21世紀の教育制度 ………………………………………… 178
3　新たな免許制度と学校制度の改革 ……………………… 180
4　教育基本法の改正 ………………………………………… 182

第18章　教育制度と学校の運営 ……………………………… 193

1　学校経営 …………………………………………………… 193
2　学級経営 …………………………………………………… 195
3　校務分掌 …………………………………………………… 198
4　個人情報の取扱い ………………………………………… 199
5　学校安全に関する取扱い ………………………………… 201

第19章　教職員，児童生徒をとりまく教育制度 …………… 206

1　学校教員をとりまく制度，しくみ ……………………… 206
2　子どもをとりまく制度，しくみ ………………………… 211

人名索引／事項索引

vii

第Ⅰ部

西洋の教育制度と教育の歴史

第1章
古代ギリシア・ローマの教育

1 古代ギリシアの教育と制度

　紀元前20世紀から12世紀頃にエーゲ海沿岸付近に定住したギリシア人は，紀元前10世紀頃から**ポリス**（polis）すなわち**都市国家**を形成するようになり，特に初期ギリシアにおいて個人はまだ共同体に強固に組み込まれていた。古代ギリシア世界（紀元前8世紀頃）の精神は，**ホメロス**の長編叙事詩で知ることができるが，宮廷・貴族社会の精神が支配的であった。一般の大衆は，文化や共同体の担い手である貴族階級の下で，貴族階級との個人的・家父長的関係はあったものの，何らの法的権利も保障されていなかった。

ホメロスの時代
　『**イリアス**』（*Ilias*）と『**オデュッセイア**』（*Odysseia*）の二大叙事詩を著したといわれる紀元前8世紀頃のホメロスの時代は，ポリスの草創期であり，意図的教育が行われたのは貴族階級の青少年に限られていた。しかもその教育は身体と魂の堅固な「型」にはめ込む「躾」であり，そのため彼らはとくに身体を鍛練し武器の使用方法を習得しなければならなかった。また舞踏や遊戯や競技で鍛えられた。それとともに文芸が現れ，若者はほかにも民芸や伝説等々によって教育された。
　音楽に関してはとくに声楽が女子教育に重要な役割を演じていた。女子は宮廷社会において，厳格な礼儀作法の習得を求められた。さらに，家庭を円満に治めていく賢明さや義務も，女子教育の大切な内容となっていた。

3

第Ⅰ部　西洋の教育制度と教育の歴史

図1-1　アテネのパルテノン神殿（BC438）
出所：筆者撮影。

ポリスの教育

　すでに初期ギリシア時代に，民族性も生活形態も異なった二つの代表的なポリスが存在していた。一方はドーリア人の形成した厳格で貴族的な軍事国家**スパルタ**であり，他方はイオニア人の自由で民主的な法治国家**アテネ**であった。
① 　アテネ

　アテネは，厳格そのものであったスパルタに比べて，はるかに多面的な様相をもち，法律優先主義に立脚して個人が尊重され，そこから独自の精神文化を成立させた。

　アテネのポリスでは，「人格の円満な発達」を目的とする教育が展開されており，そこでは人間中心の**ヒューマニズム**（人文主義）による調和的発達が前提とされていた。その意味でもアテネは，**デモクラシー**の国家を世界で最初に建設した民族であるといえよう。スパルタ人が力を重んじたのに対して，アテネ人は正義と自由を重視する国民であった。たとえば紀元前6世紀頃に，すでにターレス（Thales），アナクシマンドロス（Anaximandros），ピュタゴラス（Pythagoras），パルメニデス（Parmenides），ヘラクレイトス（Herakleitos）などの哲学者が続出したのもこうしたアテネの民族性によるものであろう。

② スパルタ

もう一方はドーリア人の形成した厳格な貴族的な軍事国家＝スパルタである。スパルタは芸術や学問に対する貢献度は低く，教育も厳格そのものであった。権力優先主義であった都市国家スパルタでは，**プルタルコス**の『**英雄伝**』に記されている**リュクルゴス**（Lycurgos）**の法**によれば，男子は生まれてから成人（30歳）に至るまでを公舎で暮らし，戦士として鍛えられた。男子の最高道徳は戦役に役立ち名誉をあげること，国家への絶対服従であったのに対して，女子の最高道徳はもっぱら国家的目的に従順であることだった。また，生まれた子どもは厳しく審査され，健康な者のみに生きる権利が認められ，それ以外の子どもは抹殺された。

2　アテネの人文主義教育思想

アテネでは，精神生活や政治的，公共的生活が完全に行きわたっていた。また活発な教育の水準の高さとその民族性には驚くべきものがあった。ここではすべての面にわたって目的意識の明瞭な共同体精神が働いていた。さらに，自由な生活と団体生活との調和が追求されていた。しかし自由を剥奪された者や女子は学校教育から締め出され，女子の教育はもっぱら母親によって家事に必要な教育が行われた。少年の教育は，個々人を相手にした教育者であった奴隷出身の少年教育係（パイダゴーゴス）の監督下で行われた。

ソフィストの術

アテネにおいては紀元前約400年頃に一般的高等教育理念が初めて発展し，その後とくに紀元前4世紀に入って二方向に分かれて展開していく。すなわち，一方はソフィストたちの実際生活上で用いる修辞学（詭弁術）の方向であり，他方はソクラテス・プラトン・アリストテレスのいわゆるアカデメイア学派の哲学的，学術的方向である。修辞学と哲学はその後**七自由科**との関連で全ヨーロッパ高等教育理念の基礎となる。

第Ⅰ部　西洋の教育制度と教育の歴史

　ソフィスト（Sophist）とは，紀元前5世紀頃ギリシアで，人々に知識を授けて礼金をとる一種の啓蒙家で，どちらかといえば，オリエント文化との交流が深く，古くからのギリシア人のしきたりにとらわれる必要のない新しい都市の出身者で，アテネ人からみると外国人であった。

　当時のギリシアでは，教育問題，とくに高等教育が不可欠の課題となって差し迫っていた。そして，それを伝えることがソフィストたちの目標であった。彼らは専門の修辞家でもなければ，厳密な意味での学者でもなく，もちろん哲学者でもなかった。彼らの関心事は，むしろ上流階級の青年に生活上必要な高等教育をすることであった。ソフィストたちの教育目的は生活上の有用性であった。彼らの視点はもっぱら実際的生活に向けられ，ことがらの「真・偽」が問われることはなかった。

　「人間は万物の尺度である」の言葉で有名な**プロタゴラス**（Protagoras, BC590頃～BC520頃）は，ソフィストの代表者で，プラトンの対話篇の題名になっているほどである。

　プロタゴラスはしばしばアテネを訪れ，高額の授業料をとって多くの弟子を養成したといわれている。プラトンはソフィストたちを知識の商人とみなし，ソクラテスと鋭く対立させた。アテネ人の誇りをもち，アテネの救済を，若者の道徳的救済を通じて行おうとして登場したのが，ソクラテスおよびその弟子たちであった。

ソクラテス

　古典思想の代表者といえば，紀元前5世紀のアテネで活躍した**ソクラテス**（Sokrates, BC469～BC399）を取り上げないわけにはいかない。「西洋の歴史上に現れた最高の教育的現象」としてのソクラテスは，ソフィストたちと同様に第一線で活躍した教育者であったが，しかし，けっして体系的な哲学者ではなかった。もちろん思弁的なギリシア哲学に十分精通していたが，日常的問題（たとえば「勇気とは何であるか」など）を会話を通して，一般的な定義の話題にした。

　ソクラテスの父は彫刻家で，母は，優れた産婆であったといわれている。彼

は自分の生まれや地位，名誉，外見など，世俗的な事柄には無関心で，当時のアテネの人々と自由に交わり，とくに若い人々と語ることを愛して，「善く」生きることの吟味と実践に一生涯を費やした。

ソクラテスは，その一生の仕事として人々に「**無知の知**」を気づかせることに専念した。子どもを「善く」するということは，ソクラテスにとっては，子どもを不断にこの「無知の知」をもって，しかも「善さ」に向かって生きるようにさせること以外にはなかった。

教師は，親であれ，その他の大人であれ，「善さ」が何であるかを知らない者として，子どもたちの「仲間」であり「友人」でなければならないと考えた。それと対照的な当時の教師であった「ソフィスト」たちは，当時の若者たちにさまざまな生活上の智恵や知識を教授することを職業としたが，しかしソクラテスは意識的にソフィストと区別して，あえて自分を「教師」と呼ばず，若者たちの「友人」であり「仲間」として関わった。

ソクラテスは，「**汝自身を知れ**」や「無知の知」の有名な言葉が示すように，相手との問答を通して無知を自覚させ，新たな真理へと到達させる**産婆術（助産術，問答法）**を実践した。地位や名誉，金銭など世俗的ないっさいのことを超えて，人々と交わることを愛したソクラテスは，ソフィストの真理の相対性に対して，真理の普遍妥当性を説いた。自著はないが弟子のプラトンがソクラテスの思想を克明に書き残した。

ソクラテスにとって道徳が「教えられる」とすれば，それは道徳が自覚されて覚醒される時だけのことである。しかし道徳を，ソフィストが望んだように，教えることができない場合は，まさしく他人に積極的に「伝え与える」ことができない。したがってソクラテスは道徳の教師と呼ばれることを断固として拒否した。逆に，ソフィストたちはそのように呼ばれた。ソクラテスにとって道徳の本質は，個々の実存と実存どうしの対話において成立するのであ

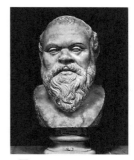

図1-2 ソクラテス

る。ソクラテスは実存から離れた一般的な知を語っているのではない。

ソクラテスの認識論的自己反省である「無知の知」とは，自分の無知を自覚することが真の知に至る出発点であるということを意味する。ソクラテスは，「無知の知」（「私は自分が何も知らない，ということを知っている」）を主張した。また「問答法」とは，鋭い質問によって議論の相手を自己矛盾に陥らせ，相手に自分の無知を自覚させることによって真理の探究に導くことを指し示す。

ソクラテスは，詩人メレトスの告発によって，人間吟味の放棄か死かを選択しなければならず，結局，死のほうを選んだ。彼の生前の問答法と愛の教育も，アテネの人々を目覚めさせることはできなかった。クリトンを初めとする彼の仲間たちでさえ，ソクラテスの本質を理解していなかったのである。しかしソクラテスの死を通じて彼らは初めて真実に生きることを学び始めた。

プラトン

古代ギリシアのアテネの哲学者で教育者**プラトン**（Platon, BC427〜BC347）は，アテネの名門の家に生まれ，はやくから政治家を志望していた。しかし20歳頃から60歳以上の老人となっていたソクラテスに師事することとなり，思想家としての修練を積んだ。ソクラテスが貧しい一市民の出身であったのに対して，プラトンは当時一流の貴族の出身であり，きわめて裕福であった。またソクラテスは生来の醜男で野人であったが，プラトンはまれに見る美男子で，きわめて清潔であったという。こうした不均衡にもかかわらず，両者はいわば精神的双生児として緊密な師弟関係を構築した。

プラトンは，私塾**アカデメイア**を開き，上流階級の知能の優れた青年に哲学を教えた。教育的主著は『**ソクラテスの弁明**』『**国家**』『**饗宴**』『**法律**』『**メノン**』などで，それらはすべて他人の**対話**の形で記されている。

プラトンは主著『**国家**』（*Politeia*）と遺著『**法律**』

図1-3 プラトン

(*Nomoi*) のなかで教育と文化について，完全に形づくられた理想を最も優れた形で著した。しかもその際，哲学と学問を国家生活の重要な最高の教育力とした。そして哲学者が国家の政治家となるか政治家が現実の哲学者となるかによって，国家は善く運営されると強調した。

プラトンはソクラテスの偉大な高弟であり，哲学界の卓越した思想家であったが，彼の中心的関心事は政治的，教育的問題であった。彼が紀元前387年に創立したアカデメイアは，彼の哲学精神に基づいて経営された。その後，現実の政治形態を彼の意図通りに改革することはできなかったものの，世界のすべてのアカデメイアや大学の根源形態となった。さらに，西欧流の学問や哲学を創出しただけでなく，ソフィストに由来した高等教育思想の現実化にも貢献したのである。

アリストテレス

プラトンの思想は形而上学的深淵さと思索的鋭意を顕著にし，教育思想史上の最初にして偉大な理想を構想した思想であった。それに対して，**アリストテレス**（Aristoteles, BC384〜BC322）の思想は，冷静で公平無私な現実感覚，驚嘆すべき探求精神，資料収集への熱意が特記されるべき思想であろう。アリストテレスの影響力は，歴史的にはプラトンよりも遥かに強力で，後にはイスラム世界からキリスト教世界にまで及んだ。

古代ギリシアの哲学者でプラトンのアカデメイアに学んだアリストテレスは，プラトンの理想主義の哲学とは反対に，実際的で現実的立場をとり，いままでの知識の全体を統合しようとした。後にアテネ郊外に学園リュケイオンを開設する。主著に，『**政治学**』『**ニコマコス倫理学**』『**形而上学**』などがあり，教育思想を論じている。彼の学派は逍遥学派と呼ばれている。プラトンの学問が直観的で思弁的であったのに対して，アリストテレスは経験的・実証的

図1-4 アリストテレス

第Ⅰ部　西洋の教育制度と教育の歴史

図1-5　ラファエロ「アテネの学堂」
①プラトン：自著の『ティマイオス』をもっている。②アリストテレス：自著の『ニコマコス倫理学』をもっている。③ソクラテス。④ピタゴラス。⑤アルキメデス。階段の上には哲学者たち（形而上学）が配置され，下には自然科学者たち（形而下の学問）が配置されている。プラトンが指を天に向けているのは，彼のイデア論を象徴している。それに対してアリストテレスが手のひらで地を示すことで，実際的で現実的な思想を象徴している。⑥アレキサンダー大王。ローマ・バチカン宮殿蔵。

で，人間生活における世間的知識を与えようとした。『政治学』においては，人間のもって生まれた素質は，習慣によって変化し，よくも悪くもなると考えた。アリストテレスは「万学の祖」とも呼ばれ，プラトンがエリートの教育に重点を置いたとすれば，アリストテレスは国民の教育の基本的なあり方に関心をもっていた。

　アリストテレスは，人間はその本性からして国家や共同体とともに生きなければならない存在であると主張した。すなわち，人間は「共同体的存在」であって政治的，社会的動物（zoon politikon）にほかならないと考えたのである。

第1章　古代ギリシア・ローマの教育

3　ヘレニズムの教育思想

　アリストテレスに端を発した深い変化が，紀元前300年にはすべての領域に
わたって幅広く強力に浸透して，ここに後期ギリシア文化期，いわゆる**ヘレニ
ズム**が始まる。この時期の生活は大規模な組織や中央の指導を必要とするよう
になってきた。**アレキサンダー大王**の王国に始まり，次いで彼の後継者の諸国，
最終的にはローマ大帝国まで続く。旧来の狭く限定された古代ギリシア人の世
界それ自体は衰退していった。

アレクサンドリアの教育

　ヘレニズム文化は，ナイル河口のアレクサンドリアを中心として，紀元前
323年のアレキサンダー大王の死後は，プトレマイオス王家の治世のもとに紀
元前30年（クレオパトラの死）まで栄えた。当時の文化の中心地であったアテネ
やアレクサンドリアには，大規模な学者集団が，膨大な図書や文書を備えた研
究所を構えていた。この文化の中心は，ムーセイオン（Mouseion：博物館）と
ビブリオテーケー（Bibliothekye：図書館）であった。ムーセイオンは，学芸の
神々ミューズの社殿の意味で，そこから転じて学園や博物館へと意味が変遷し
た。そこでは世界各国から集合した多くの学徒が，王家の援助を得て学芸の研
究にいそしんだ。ビブリオテーケーには古今の典籍が収集され，学徒のために
研究の資料を提供した。アレクサンドリアの学風は，アテネのそれと比較して
現実的であり，自然科学の開拓に貢献した。古文献の収集・保存・注釈という
観点からの功績も見逃せない。ユークリッド（Eukleides, BC300頃）の幾何学，
アルキメデス（Archimedes, BC287頃～BC212）の物理学などの成立を考えただ
けでも当時の学問の水準の高さが容易に想像できよう。

11

第Ⅰ部　西洋の教育制度と教育の歴史

図1-6　コロセウム
5万人を収容できる階段状の観覧席が放射状に設けられていた。暴君の典型とされるネロの巨像（コロッス）が近くにあったためにコロセウムと名づけられた。

4　古代ローマの教育

国家建設および法体系に秀でた実用的なローマ民族

　ローマはギリシアに比べて法学，農業，土木等の実際的技術に秀でていた。文化・思想面ではギリシアを超えることはできず，その多くは模倣に終わった。

　ローマ時代は紀元前8世紀頃におこり，紀元476年の西ローマ帝国の滅亡まで存続する。ギリシアの教育がとくにその文芸的，哲学的，**教養的**なものの発展によって世界に貢献したのに対して，ローマ人の主たる関心は客観的で**実用的・実科的**な生活の実現に向けられていた。ローマ人は第一に国家建設に秀でた民族であった。土木建築等の実用面に優れ，各地に道路・水道を敷いたほか，闘技場・浴場・凱旋門など，壮大な公共建築物を建設した。

　さらに彼らは法体系の整備に力を注ぎ，創造的で偉大な業績を残した。しかし，文芸，学問，芸術，哲学の領域での彼らの貢献度はきわめて少なかった。それらの領域では，ギリシアの模倣をするにすぎなかったともいえるだろう。ローマ人の高等な文芸は紀元前250年以後になって初めて，すなわち，ヘレニ

第1章 古代ギリシア・ローマの教育

図1-7　舗装道路
「すべての道はローマに通ずる」。ローマ帝国では世界各地からの道がローマに通じていたところから，多くのものが中心に向かって集中していることのたとえにもなっている。

ズム（後期ギリシア）の直接的な影響を受けた後になって成立したのであり，彼らはその後もさらにこのヘレニズムやその教育のなかで成長し，やがて西ヨーロッパ全土に拡大し，ローマ人の独特な気質（Ethos）が西欧世界に浸透していった。

家庭教育・学校教育
　古代ローマの生活全体は古代ギリシアと同様に国家に適応することであった。しかし，家庭の役割はアテネやスパルタとはまったく異なっていた。家庭は権力や法律の中心（とくに「家庭の父」（pater familias），主人そのもの）であり，神聖な場所とみなされて，厳しいしつけや道徳の実践の場所となっていた。ローマでは，家族が強いきずなで結ばれていた。父親は子どもに対して絶対的な権力をもち，母親は直接に子どもを養育していた。そこでは道徳的なしつけとして，勤労，質素，忍耐などの農民の徳や，祖先を敬う伝統的習慣が重視された。とくに父親は，子どもに将来の公民や軍人となる準備として，農耕，軍事，社交などの知識を伝授した。また読み，書き，計算の初歩も家庭で学ぶ機会が多かった。3回のポエニ戦争でのローマの勝利の後，ローマはギリシア文化を受

13

第Ⅰ部　西洋の教育制度と教育の歴史

容し始めた。その後，家庭中心の教育から徐々に学校教育制度が整備されるようになる。

5　ローマの教育思想と教育制度

キケロ

ローマ共和制時代の終末期頃に活躍した，**キケロ**（Marcus Tullius Cicero, BC106〜BC43）は，教養豊かな権勢ある政治家，輝かしい雄弁家，著作家であった。しかしそれだけでなく，哲学者，教育理論家としても，また有能多彩な人物としてもギリシア精神とローマ精神の融和を目指した人物であった。その意味でキケロこそが，その後2000年にわたって重要な教育理想として尊重された**人文主義**的な教育理念を最初に明確に理解し根拠づけた人物といえる。主著の『**雄弁家論**』にみられる人文主義教育の主張は，文芸復興期以後の教育論の源流となる。また彼の文章は**ラテン文**の模範とされた。

キケロはまた上述のようにそれまでヘレニズム期に並行して成長してきた修辞学と哲学の教育理想を融合させる努力をした。

クインティリアヌス

クインティリアヌス（Quintilianus, 35〜100）は，帝政時代の最も重要なローマの教育学的理論家である。彼はスペインで生まれ，ローマで法律家の修業をした後，ローマで修辞学校を開いた。知識と道徳の統一者であり，実際の教職経験に基づく『**雄弁家の教育**』（*Institutio oratoria*）は，人文主義運動期に重視されたし，また実際に彼は，ローマ帝政時代の勅任雄弁論講師（国の補助金を下付された修辞学教師）であった。この書物は一般教育学や弁証学の思想で充実した価値ある文献として貴重なものである。クインティリアヌスの教示に従うと，初等教育から高等修辞学の学校教育の授業にまで及ぶ教育学上の重要な原理は，教師は子どもの個人的関心を目覚めさせ，各自の個性に理解を示し，個性の発展を考慮しつつ，子どもが自主独立の人間になることができるように教

育してゆくことである。

参考文献

Reble, A. (Hrsg.), *Geschichte der Pädagogik*, Ernst Klett Verlag, Stuttgart, 20. Auflage, 2002（レーブレ，A.，広岡義之ほか訳『教育学の歴史』青土社，2015年）.

長田新監修『西洋教育史』御茶の水書房，1981年。

小澤周三ほか『教育思想史』有斐閣，1997年。

貝塚茂樹監修『教職教養サブノート』（教員採用試験サブノートシリーズ），協同出版，2002年。

教員採用試験情報研究会編著『教職教養教育史これだけは暗記しとこう』一ツ橋書店，2004年。

教師養成研究会編『近代教育史』学芸図書，1999年。

熊谷一乗『現代教育制度論』学文社，1996年。

皇至道『西洋教育通史』玉川大学出版部，1981年。

ノール，H.，島田四郎訳『人物による西洋近代教育史』玉川大学出版部，1990年。

山﨑英則・德本達夫編著『西洋の教育の歴史と思想』（MINERVA 教職講座 3 ），ミネルヴァ書房，2001年。

第2章
中世の教育

1　中世の幕開け

　ヨーロッパの中世は，およそ4世紀末葉から14世紀までの約1000年間を指す。中世は313年のローマ帝国のキリスト教公認および375年のゲルマン人の大移動をも包含するキリスト教文化と封建体制の社会であった。

キリスト教の成立

　キリスト教は，ユダヤ思想を母として，そしてギリシア・ローマ思想を父として独自の世界を構築した。ローマ帝政の初期，パレスチナではヘブライ人の一神教から発展したユダヤ教が信仰されていた。イエスの教えに源を発するキリスト教は，そのユダヤ教的伝統を含んでいる。ユダヤ人として生まれたイエス自身も律法を破壊するためでなく，むしろそれを成就するために地上にやってきたと宣言し，ユダヤ会堂において福音を述べ伝えた。

　とはいうものの，キリスト教の教えはユダヤ教と袂を分かつものでもあり，その根本信条は，イエスによって世界万民に対して神の愛の証として，霊的救済が約束されるというものであった。そしてイエスをキリストと信じることにおいて永遠の生命を得ることができると確約されていたのである。

　このイエスの教えは，彼の昇天後，「喜びの福音」としてユダヤ社会だけでなく，広くヨーロッパやアジア等の各地に伝道されることとなる。そして時代の推移とともに，やがてキリスト教も組織化され始め，さらにローマ帝国からの数次にわたる迫害を経験し，キリスト教徒の信仰が鍛えられ，新しい洗礼志

第2章　中世の教育

図2-1　ロマネスク様式の
　　　　中世建築
マリア・ラーハ修道院（ドイツ）。

図2-2　ゴシック様式の中世建築
ノートルダム大聖堂（フランス）。
出所：筆者撮影。

願者を教育するとともに，ギリシア・ローマの異教的文化と対決するという新しい問題に直面することになる。

4世紀における**コンスタンティヌス大帝**（Constantinus）のキリスト教への帰依（313年）およびその後継者**ユリアヌス**（Flavius Claudius Julianus）の異教への改宗（361年）によるヘレニズムの復興とキリスト教徒の迫害を最後の波乱として，古代の歴史はキリスト教によるギリシア・ローマ文化の克服をもって，その華やかな幕を閉じることとなる。中世文化の基調をなすカトリック精神は，古代精神とはまったく異なっており，それが克服されるところに，近代精神が出現することになる。

ロマネスク様式とゴシック様式

ロマネスク様式は，11～12世紀のヨーロッパで展開された芸術様式で，教会堂は石造天井を基本とする。ゴシック様式ほど，まだ尖塔アーチ等の上昇感は強調されていない。

ゴシック様式は，12世紀中葉に北フランスに始まり，ルネサンス期に至るまで全ヨーロッパに浸透した芸術様式である。キリスト教の教会堂の規模を大きくし，尖塔アーチの使用と大小の塔による上昇感を強化し，神への信仰をより強調することが可能となった。パリ近郊のサン＝ドニ・シャルトル本寺やケル

17

第Ⅰ部 西洋の教育制度と教育の歴史

ン大聖堂，イギリスのヨークなどの教会が有名である。

2 キリスト教的思想

　歴史上，ギリシア・ローマ的文化の末期において，それらの思想を背景として新たに原始キリスト教の思想的要素の刺激を受けて，人間存在の本質を問う新しい思想上の展開が生じた。こうしたキリスト教的古典思想の先駆者としてアウグスティヌスを位置づけてみたい。

アウグスティヌスと教育

　アウグスティヌス（Aurelius Augustinus, 352〜430）は，初期キリスト教会の偉大な思想家である。若い日にマニ教に奉じるが，後にミラノでキリスト教の洗礼を受けて，回心する。生地である北アフリカに帰り，ヒッポの司教に就任し，同地で没する。主著には『告白』や『神の国』等がある。

　アウグスティヌスは，素直にキリスト教徒になった人ではない。彼の自叙伝的作品『**告白**』は，異教徒であった彼が人間的な数々のあやまちを犯し，苦悩しながらついにキリスト教徒に改宗するまでの生々しい魂の遍歴を伝えている。アウグスティヌスはローマ帝国の属領として栄えていた北アフリカのヌミディアで中産地主の長男として生まれた。異教徒のローマ人である父は死ぬ少し前にキリスト教に改宗し，母モニカは熱心なキリスト教信者であった。賢母モニカから，アウグスティヌスは強烈なキリスト教的な薫陶を受けていた。

　アウグスティヌス自身は青年時代の放蕩生活を経て，神と悪魔の二元論を説くマニ教に飛び込んでしまい，以来，30歳頃までマニ教徒として熱心に布教するありさまであった。やがてカルタゴからローマに赴き，たまたま読んだ使徒パウロの言葉が機縁となって，386年頃に，キリスト教に改宗したときにはすでに33歳になっていた。17歳のとき，情婦と同棲し一子をもうけ，また30歳頃にも同じような失敗を繰り返し，母モニカは，彼の改宗のために血と涙の努力を傾けた。『告白』はこうした思い出を切々と語っている。アウグスティヌス

18

は，人間的な愛欲の悩みの果てに，キリスト教に帰依し，ついに官能の誘惑を振り切って，聖職に後半生を捧げたのである。

3　封建体制の教育制度

4世紀末葉のゲルマン人の大移動に始まり，476年の西ローマ帝国の滅亡，486年のフランク王国の建設，962年の神聖ローマ帝国の成立等を経て，12世紀に至って統一的な封建社会が成立する。農村における共同体の成立，都市文化の発達，国王や諸侯による封建体制の確立などが進んだ。これらすべてを一貫して支えていたのがキリスト教の信仰と教会の体制であった。中世において教育とは第一に人間を謙譲，信仰，完全なキリスト教に導き，宗教・教会共同体の活発な構成員にして，彼が神の国の住民になるようにすることであった。

騎士の教育

中世の騎士は君主への奉仕者として，**騎士道**を尊重した。それは武技・宗教・礼儀の3要素から成り立つ。宮廷の生活を通して，王侯の小姓（7～14歳）となり，騎士の従者（14～20歳）として武芸に専念し，ようやく騎士（21歳）となれた。騎士七芸とは乗馬・水泳・弓術・剣術・狩猟・チェス・詩を意味する。

中世の教育で中等以上の学校のカリキュラムの中核に位置した教科目を**七自由科**という。6世紀のローマ人，カシオドルスが修道僧の学問のために確立したもので，文法・論理学・**修辞学**の3学科と，算術・幾何・**天文**・音楽の4学科に分かれて成立した。

ギルドの教育

商工業者を志望する者は，同業組合である**ギルド**（guild）の規則に従って徒弟教育を受けなければならなかった。10歳頃から親方のもとに住み込んで徒弟奉公を行い，この期間を無事に終えて初めて，職人としてギルドに加入することが認められた。

第Ⅰ部　西洋の教育制度と教育の歴史

大学の発生

　11世紀の末には，アラビア風の医学研究から立ち上がった南イタリアの**サレルノ大学**が指摘できよう。12世紀の初頭には，北イタリアの**ボローニャ大学**において，「ローマ法」および「教会法」の法学研究が始められた。さらに同時期にはフランスの**パリ大学**を中心に神学の研究が始められ，学問への関心は中世前期の沈滞を打破しようとしていた。

スコラ哲学

　スコラ哲学は，**トマス・アクィナス**によって大成された神学思想で，アリストテレスの論理学および**弁証法**を重視する，中世ヨーロッパの教会や修道院付属の学校や大学の教師などが研究した学問である。主として哲学と神学が中心で，その内容は，キリスト教の教義を理性的に弁証することであった。トマス・アクィナスもまたカトリック教会の包容力の内にあった。

　教会学校として有名なものには，イギリスの**聖パトリック**（St. Patrick, 386〜493）によるアイルランドでの伝道があげられる。8世紀中頃にはヨークの本山学校が教学の中心となり，これは中世型学校形態として注目されるべきものである。

参考文献

Reble, A. (Hrsg.), *Geschichte der Pädagogik*, Ernst Klett Verlag, Stuttgart, 20. Auflage, 2002（レーブレ，A., 広岡義之ほか訳『教育学の歴史』青土社，2015年）.

荒井武編著『教育史』福村出版，1993年。

長田新監修『西洋教育史』御茶の水書房，1981年。

小澤周三ほか『教育思想史』有斐閣，1997年。

貝塚茂樹監修『教職教養サブノート』（教員採用試験サブノートシリーズ）協同出版，2002年。

川瀬八州夫『教育思想史研究――子ども（人間）観の発展と公教育』酒井書店，2001年。

教員採用試験情報研究会編著『教職教養教育史これだけは暗記しとこう』一ツ橋書店，2004年。

教師養成研究会編『近代教育史』学芸図書，1999年。

第2章　中世の教育

熊谷一乗『現代教育制度論』学文社，1996年。

皇至道『西洋教育通史』玉川大学出版部，1981年。

ノール，H.，島田四郎訳『人物による西洋近代教育史』玉川大学出版部，1990年。

ブレットナー，F.，中森善治訳『西洋教育史』新光閣書店，1968年。

山﨑英則・徳本達夫編著『西洋の教育の歴史と思想』（MINERVA 教職講座３），ミネルヴァ書房，2001年。

第3章
ルネサンス・宗教改革期の教育

　中世社会はカトリック教会の権威と封建制度によって抑えられていた。中世人はカトリック教会を通じて古代文化を伝達されたが，その受容は中世生活の現実に深い根拠をもった独特の形式で行われた。しかし1000年間の長い時を経て，ヨーロッパにおけるルネサンスと宗教改革が起こった。近代の夜明けの機運が始まり，そこから新しい社会観と新しい人間像が誕生してゆく。

1　ルネサンスと教育

ヒューマニズム（人文主義）

　ルネサンスは，歴史上14・15世紀から16世紀前半に生じた文化的傾向の総称で，古代ギリシア・ローマの文学・芸術の再生運動であった。ルネサンスの特徴の一つは，中世にはみられなかった新しい世界観・人間観としての**ヒューマニズム**（humanism），すなわち**人文主義**であった。それは現世に生きる人間を中心とする世界観・人間観であり，中世のような来世に救いを求める宗教的・教会的世界観とは大きく異なっていた。

　たとえば，レオナルド・ダ・ヴィンチ（Leonardo da Vinci, 1452～1519）には実用的要求と理論とが相互に絡み合っていること，またこの時期全体を通じて重要な発見が相次いで生じたこと——羅針盤，火薬，印刷術，集光鏡，懐中時計など——を考えてみれば十分であろう。

　ルネサンスは当時の新興階級である商工業者や貴族などの上層階級の間に拡大した運動であったので，ヒューマニズムや人文主義的教育もまた，一般庶民のものではなかった。それゆえ人文主義的教育は，第一に，幅広い教養を身に

第3章　ルネサンス・宗教改革期の教育

古代の三美神

中世の三美神

ルネサンスの三美神
ボッティチェリ「春」部分。

図3-1　三美神
ルネサンスは古代ギリシア・ローマの芸術への回帰なので両者は共通する。他方，中世は人間の肉体を軽視したため，衣が着せられ，肉体の豊かさに欠ける。

図3-2　ルネサンス様式の建築
サン・ピエトロ大聖堂（バチカン市国）。古代ギリシア・ローマ芸術への回帰であるルネサンス様式の建築であるため，カトリック総本山であるにもかかわらず中世の象徴である高くそびえたつ尖塔は存在しない。
出所：筆者撮影。

つけることを教育の目的とした。そしてそれは古代ギリシアやローマの古典，とくにキケロ，クインティリアヌスなどのローマの古典，あるいはホメロス，プルターク，クセノホンなどのギリシアの古典が重んじられた。第二に，ヒューマニズムの教育は，人間尊重の立場から，個性ある人間形成を目指した。

23

幅広い教養と同時に強健な身体をつくりあげることを重視した。中世の教育が体育を軽視したのに対して、ヒューマニズムの教育は人間の均整のとれた美しい肉体の発達を人間の理想の一部と考えたのである。

ルネサンス期の代表的教育者

15世紀のイタリアにおけるルネサンス期最大の人文主義者といわれている**ヴィットリーノ**（Vittorino da Feltre, 1378～1446）は、1423年にマントア侯の設立した宮廷学校楽しい家の教育に従事した。彼の人格の影響は、校内のすみずみにまで浸透した。なぜなら彼は寄宿舎で生徒と生活をともにして、そこでヒューマニズム（人文主義）教育を徹底的に実践したからである。クインティリアヌスの教育方法原則に従って、ギリシア・ローマ古典と騎士階級の技芸と宗教・道徳教育を取り入れて成功した。

エラスムス（Desiderius Erasmus, 1466?～1536）は、オランダ生まれの北欧最大の人文主義者として有名である。彼はギリシア・ローマの古典に精通し、多彩な文化活動を展開した。伝統的教育を否定し、遊びながらの楽しい学習を提唱する。主著の『愚神礼讃』（1509年）は、中世に対するヒューマニズムの批判精神を代表するものである。教育に関する著作としては『学習法論』（1511年）、『幼児教育論』（1529年）などがある。彼のヒューマニズムは子どもの奴隷化を鋭く批判しており、子どもを自由な独立した人格として認めた点で、史上初の子どもの人権宣言ともいえよう。

ヴィヴェース（Juan Luis Vives, 1492～1540）は、スペインが生んだ最大の人文主義教育思想家で、児童・生徒の個性に応じた学習指導を提唱した。主著に『学問論』（De disciplinis）があり、とくに後編の「学問の教授について」（"De tradendis disciplinis"）は15・16世紀を通じて最も体系的に整った教育論である。

図3-3　エラスムス

2　宗教改革と教育制度

　イタリアを中心とする南欧のヒューマニズムは，個人の教養の形成に重きが置かれたため，芸術的な面でのルネサンスとなった。それに対して，北欧のヒューマニズムは社会的人文主義として，社会の宗教的・倫理的改革を目指す運動となった。これがいわゆる**宗教改革**（Reformation）へとつながってゆく。とくにドイツにおいてはこうした改革運動が生じる政治的・経済的土壌がすでに存在していた。16世紀の初頭，ドイツは諸連邦に分裂し，とくに政治的統一性が喪失され，そのためにローマ教皇の搾取が強烈であった。当時のドイツの富の7割は教会や修道院が握っていたといわれており，ローマ・カトリック教会の腐敗はドイツの人々の反感を買っていた。こうした背景のもとで，ローマ教会の改革に乗り出したのが，1517年に始まる**ルター**（Martin Luther, 1483～1546）の活動であった。

　宗教改革は単なる宗教上の現象で終わらず，宗教，経済，文化，政治のあらゆる分野に影響を及ぼした歴史的事件であったため，教育のうえでもまた重要な意義をもつものといえよう。

ルターの宗教改革

　当時，ローマの**サン・ピエトロ教会**建設のために資金を集める目的で，**免罪符**が販売され，その購買により信者の罪が許されるとローマカトリック教会は宣伝した。ルターはこれに反対し，1517年10月31日に95か条の提題をヴィッテンベルクの教会の扉に掲げて宗教改革に踏み出す。「**人は信仰によってのみ義とされる**」ことが彼の主張の原理であったからである。

　教育的主著としては初等教育のテキストとして

図3-4　ルター

図3-5 ヴィッテンベルクの教会の扉に意見書を掲げるルター

『**教義問答書（カテキズム）**』（1529年）を著した。また公教育制度については，国家が学校を設立し，すべての男女に無償の普通教育を受ける義務と権利を求めた。『**キリスト教教会の改善に関してドイツのキリスト者貴族に与える書**』（1520年）で，学校教育の福音主義化を唱えて聖書の学習を奨励した。また『**ドイツ各都市の市長ならびに市の参事会員にあてて，キリスト教学校を設立し，維持すべきこと**』（1524年）では，福音主義の学校の設立・維持を都市の政治家に勧告した。

メランヒトンとカルヴァン

ドイツの人文主義学者である**メランヒトン**（Philipp Melanchthon, 1497〜1560）は，ルターの影響を強く受け，彼の協力者として，教会改革と学校計画の指導書『**巡察指導書**』を刊行した。

ヨハネス・シュツルムは，ドイツのシュトラスブルクに最初の人文主義・古典中等学校である**ギムナジウム**を創設した。これはフランスのリセやコレージュ，またイギリスのグラマー・スクール（パブリック・スクール）に対比される。

一方，スイスの宗教改革者**カルヴァン**（Jean Calvin, 1509〜1564）によって主張され実践された宗教的・文化的な改革思想をカルヴァニズムという。『**ジュネーブ教会条例ならびに同市の学則**』（1541年）により，ジュネーブの神聖都市国家の教育計画を立て，信仰と政治と教育の一体化を目指した。神の絶対性を

根拠に予定説を唱え，職業などの世俗的な活動に積極的に参加することに宗教的意義を認めた。教育の面でも，独・仏・英から北米に波及し，近代の学校制度の基礎となる。

カトリックの学校改革と教育制度

　宗教改革の深化とともに，カトリック教会の立場が劣勢になるにしたがい，それの回復を試みるための自己改革，すなわち「**反宗教改革**」運動が展開されるようになった。この中心となったのがイエズス会の中等・高等教育計画の「**イエズス会学事規定（ラティオ・ストディオールム）**」であった。イエズス会の経営する中等教育機関を**コレージュ**という。

　そのなかでも中心的役割を果たしたのが，1540年，**イグナティウス・デ・ロヨラ**（Ignacio López de Loyola, 1491〜1556）によって設立されたカトリックの修道会である**イエズス会（ジェスイット教団）**である。ロヨラは，ルターなどのプロテスタント教会の宗教改革運動に対して，カトリック教会内部から改革運動を実践した。この禁欲的修業は，16〜18世紀に主として欧州の高等教育機関を中心に文化的・学問的影響力を与えた。現在の日本では上智大学などの高等教育機関を通して堅実な活動を展開している。

　またロヨラの同志である**ザビエル**（Francisco de Xavier, 1506〜1552）は，海外布教をすることを通して，インド，中国，日本などにも同様の学校を設立した。スペインのナバラ王国の貴族であったザビエルは，日本に渡来した最初のイエズス会士である。

参考文献

Reble, A. (Hrsg.), *Geschichte der Pädagogik*, Ernst Klett Verlag, Stuttgart, 20. Auflage, 2002（レーブレ，A.，広岡義之ほか訳『教育学の歴史』青土社，2015年）．
荒井武編著『教育史』福村出版，1993年。
長田新監修『西洋教育史』御茶の水書房，1981年。
小澤周三ほか『教育思想史』有斐閣，1997年。
貝塚茂樹監修『教職教養サブノート』（教員採用試験サブノートシリーズ），協同出版，

第Ⅰ部　西洋の教育制度と教育の歴史

2002年。

川瀬八州夫『教育思想史――子ども（人間）観の発展と公教育』酒井書店，2001年。

教員採用試験情報研究会編著『教職教養教育史これだけは暗記しとこう』一ツ橋書店，2004年。

教師養成研究会編『近代教育史』学芸図書，1999年。

熊谷一乗『現代教育制度論』学文社，1996年。

皇至道『西洋教育通史』玉川大学出版部，1981年。

ノール，H.，島田四郎訳『人物による西洋近代教育史』玉川大学出版部，1990年。

ブレットナー，F.，中森善治訳『西洋教育史』新光閣書店，1968年。

山﨑英則・徳本達夫編著『西洋の教育の歴史と思想』（MINERVA 教職講座 3），ミネルヴァ書房，2001年。

第4章
バロック時代の教育

17世紀のヨーロッパの教育思想は，コメニウスを代表とするリアリズムすなわち実学主義教育として特徴づけることが可能であろう。簡単にいえば，実生活で役に立つ教育を重んずることになる。しかし同時にバロックという，ルネサンス様式への反動として生じた17世紀の美術を含む幅広い精神活動もまた活発に展開された時代でもあることを忘れてはならないだろう。

1　実学主義の教育

実学主義の教育とは，一般に17世紀のヨーロッパの教育の性格を意味するが，具体的知識や実際的な技能を重視する立場をとる。文学的・古典的な分野ではなく，むしろ歴史・政治・自然科学を重んずる教育を実践した。

古典教育の変遷

16世紀頃になると，古典語の学習は，古典を研究する手段から，古典語の学習そのものが目的となり，形式的な学習に陥るようになる。この点が批判され，17世紀には，現実の生活に実際に役立つ，世俗的な教育が求められるようになってきた。

自然科学の発達と近代教授法の形成

第一は，**ガリレイ**（Galileo Galilei, 1564〜1642）以後の近代自然科学の発展であり，それによって従来の言語学的な分野の授業内容がひじょうに複雑になり，増大した授業内容を上手に教授するさらによい方法が緊急に要請された。第二

第Ⅰ部　西洋の教育制度と教育の歴史

に近代哲学，とくに**デカルト**（René Descartes, 1596～1650）以来，発展を遂げた
厳密な方法の意識である。つまり方法への意識が急速に高まったために，それ
が近代教授法の形成を促進した。

実学主義の類型

　アメリカの教育史家モンローによれば，実学主義には三つの類型がある。

　第一の類型は**人文的実学主義**（humanistic realism）であり，**ラブレー**（François
Rabelais, 1494?～1513）がその代表格として，フランスの人文学主義者すなわち，
ユマニストと呼称された。医師で作家の彼は，フランス・ルネッサンスを代表
する最高の文学作品『**ガルガンチュア物語**』（1534年）や『**パンタグリュエル物
語**』（1532年）を執筆した。そこには強制的訓練の排除，実学的知識の尊重，直
観的・経験的学習の強調などの近代教育の先駆的思想が展開されている。彼も
また古典語中心の教育に対して，古典の精神や内容を重視し，それを人生に役
立てることを求めた。

　第二の類型を**社会的実学主義**（social realism）といい，**モンテーニュ**（Michel
Eyqem de Montaigne, 1533～1592）がそれに該当する。彼は，フランスの代表的
モラリストで，主著の『**随想録（エッセー）**』（1580年）は温かい人間洞察の記録
としてフランス文化に大きく影響を及ぼした。彼は自然の研究と自国語による
実用の教育を主張した。社会生活の経験を通しての人間形成に重点を置き，た
とえば旅行の教育的な意義を強調した。

　第三の類型を**感覚的実学主義**（sense realism）といい，**ラトケ**（Wolfgang
Ratke, 1571～1635）が代表者である。彼は，ドイツの近代教授学の先駆者とし
て，子どもの感覚や直観を重視する，自然の順序に従った合自然の新しい教授
法を提唱した。ラトケは，ベーコンの思想を実地に適用して，コメニウスに橋
渡しをした。主著に『**キリスト教学校の全体計画**』などがある。彼は，事実や
経験を通して自然や社会を理解する教育を主張した。

2 バロックという時代精神

ボルノーのバロック理解

バロック（Baroque）とは，ルネサンス様式への反動として生じた17世紀の美術を含む精神活動である。ルネサンスの調和・均整・完結性に対して，流動感に満ち，コントラストに富んだ生命力と情熱の表現をその特徴とする。

ボルノー（Otto Friedrich Bollnow, 1903～1991）に従えば，バロックの教育思想家コメニウスは，偉大な秩序がすべての存在を自然であれ人間であれ同様に貫き通し，すべてを同じ法則で形成しているとバロックの形而上学的意味で確信していた。

そのような意味で，超越的な垂直軸を象徴する中世のキリスト教精神と，人間性を重視する水平軸を象徴するルネサンスが激しくぶつかり合い，そこに生じた新しい時代精神として，バロックを位置づけたい。

バロックの代表的教育思想家コメニウス

① 生涯

コメニウス（Johann Amos Comenius, 1592～1670）は，17世紀の西洋での最大の教育思想家であり，学校教育の改革者であった。コメニウスは，チェコスロヴァキアのモラヴィア州の一寒村で生まれた。オランダの大学で神学と哲学を修め，学校教師，牧師となるが，1621年，ボヘミア同胞教団に関わって始まった三十年戦役によって，コメニウスは無一物となり逃亡と亡命の生活に入る。その後，各地を転々とした後にポーランドに逃れ，そこで牧師およびギムナジウム教師として13年間とどまった。ここで教育史上の名著といわれる『大

図 4-1 バロック様式
ウィーン市内の教会。
出所：筆者撮影。

教授学』(1657年) と『語学入門』が完成された。その後，イギリス，スウェーデン，ハンガリーに渡り，学校改革に従事し，1670年，78歳でオランダのアムステルダムで没する。

人生最高の目的，したがって教育の究極の目的は，コメニウスにあっては神と一つになって来世において永遠の浄福を獲得することであり，現在の生活はその準備である。それゆえに人は現世において，あらゆる被造物のなかで，理性的（知的）な者，被造物を支配する者，つまり造物主の似姿とならねばならない。これが「汎知」の道であるとコメニウスは考えた。

② 主要著作

コメニウスは近代教授学の祖として知られている。彼は，教育目標を「有徳」と「敬信」とし，それに至る手段として汎知（パンソフィア）の会得を提言した。そのための教育方法が主著『大教授学』における，自然界の諸法則の模倣であった。

もう一つの主著『世界図絵』(1658年) は，ラテン語でオルビス・ピクトゥスといわれ，「直観」によって「全知」を獲得するという原理に基づく，世界で最初の絵入りの教科書として有名である。絵図によって外界の事物を直観させながら，同時に言語を学ぶことができ，絵図の後にラテン語とドイツ語で説明がされている。

コメニウスは，現実の混乱は，知的，道徳的，宗教的な無知によるものと考えた。そこで，あらゆる事物の秩序や連関を統一しようとする「汎知」に理想を観た。それは広範な知識を体系的に教示しようとするものでコメニウスのこの思想は，「ことば」や「知識」を介して，人々の生活を「神」に少しでも近づけるという点で汎知主義と呼ばれている。

直観教授とは，直観による教授で実物教授とも呼ばれ，コメニウスは，実物の直観から言語的説明に移行するという考えを示した。実物の提示が困難な

図4-2　コメニウス

第4章 バロック時代の教育

図4-3 『世界図絵』測量術の挿し絵
出所:井ノ口訳(1995, 231ページ)。

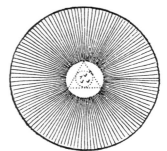

図4-4 『世界図絵』
神の挿し絵
出所:井ノ口訳(1995, 29ページ)。

ときは絵図による理解が重要との見地から,先述した世界で最初の挿し絵入り教科書『世界図絵』が完成した。さらにこの直観教授の考えはルソーやペスタロッチへと継承されてゆく。

コメニウスは単に子どもたちに個々の知識を与えるのではなく,秩序ある全体としての世界を子どもの眼の前に提示して,子どもに秩序ある世界像を与えることを強く願った。それゆえこの本は,すべてのものの絶対的な始まりとして「神」の図表が最初に置かれ,次に「世界」の図が続き,さらに神の創造の順序に従って,鉱物,植物,動物の世界が現れ,最後に人間が登場する。

3　絶対主義と教育

絶対主義の意味

絶対主義の時代は,封建的な荘園制社会から,近代資本制社会への過渡期である17〜18世紀の時代を指し示す。この転換期特有の経済関係,社会構成,文化様式等を「絶対主義的」と表現する。政治的には,中世封建社会の領主制的,地方分権的な体制が,強力な絶対君主(王権)によって統一されていた。

絶対主義国家は,効率的に集権的行政を行うために,王権に忠実な官僚と常備軍を必要とし,強固な財政が求められた。そうした財政的要求を満たすため

33

に取られた経済政策が「重商主義」であった。重商主義とは，貨幣資本の蓄積を助けて，資本制社会を構築していくことである。この資本制社会への移行のしかたは，西欧・イギリス型と，東欧・プロシア型の二つに分かれる。

　西欧・イギリス型は，独立自営的な小商品生産者層（手工業者や農民）が，封建的な支配を排除しながら産業資本家へと成長していく形をとった。他方で東欧・プロシア型は，地主や商人が封建的な支配に依存しながら自ら資本家へと転化していく形をとった。

　とくに，社会の封建制が根強く，資本主義的な発展の遅れた東欧諸国では，絶対君主が，宗教的寛容，産業の自由，奴隷解放，学問や教育の奨励等，いわゆる啓蒙的な改革を自ら指導して，封建的な身分制度の維持に努力奮闘した。こうした絶対君主のことを「啓蒙的専制君主」と呼称する。

プロイセンの啓蒙専制君主フリードリッヒ大王

　プロイセンの絶対主義君主フリードリッヒ・ヴィルヘルム1世（Friedrich Wilhelm I, 1688～1740, 在位1713～1740）は，1717年に**義務就学令**を，1736年には**学校維持法**を定めて，他国に先んじた義務教育制度を確立しようと試みた。具体的には，冬期には毎日，夏期には週1～2回の登校を命じた。

　プロイセンの啓蒙専制君主**フリードリッヒ大王**（Friedrich II, 1712～1786, 在位1740～1786）の勅令**一般地方学事通則**は，教育政策の一環として，一般民衆に教育の浸透を図ろうとする義務就学令であった。5歳から子どもを学校に入学させ，キリスト教の要旨を理解し，読み書きに習熟するまで在学させねばならないとして，いわゆる**課程主義**の立場をとった。

　フリードリッヒ・ヴィルヘルム2世は，1794年に**一般国法**を公布した。これは学校と大学を国家の施設として規定し，その設立には国家の承認と監督が必要であると定めている。

図4-5　フリードリッヒ大王

その他の国の絶対主義

フランスの絶対主義は，ルイ13世の宰相リシュリュー（Armand Jean du Plessis Ducde Richelieu, 1585〜1642）の活躍によって急速に強まり，ルイ14世の治世に最盛期を迎えることになった。

17〜18世紀の**アンシャン・レジーム**期（絶対主義時代）のフランスで民衆教育，とくに初等教育を担った民間教育機関を**小さな学校**という。しかしこの小さな学校は教師の質も悪く，農夫などが仕事の片手間に数人の子どもに読み書きを教授していた程度のものであった。

一方，フランスの中等教育機関の中心になったのが，**イエズス会のコレージュ**であった。しかしここで学ぶことができた生徒たちは，経済的に恵まれた貴族やブルジョワジーの子弟だけであった。

ラ・サール（La Salle, 1651〜1719）は，1684年にカトリックの教育団体**キリスト教学校同胞団**を設立し，無月謝の小学校の設立に力を注ぎ，貧民の知的な教育に尽力した。一斉授業形態をとるなどの指導も行った。これは後のフランスにおける初等教育の発達に大きな役割を果たすこととなる。

イギリスの絶対主義はエリザベス女王（在位1558〜1603）とスチュアート朝のジェームズ1世（在位1603〜1625）までが絶頂期であり，その後はしだいに権威が弱体化していき，名誉革命（1689年）とその後の議会制度が定着することで終焉することになった。

ロシアの絶対主義は，近代化が遅れていた状態から飛躍的に西欧先進諸国に近づけたピョートル大帝（在位1682〜1725）によって成就された。彼はロシア史上，最高の啓蒙君主の一人で「帝冠をかぶった革命家」と呼称されたほどである。ロシアの近代化のために，工業改革による国富の充実を図るための重商主義政策を推進した。軍備の改編と官僚政治の確立も整備した。教育では1701年に，モスクワに設立された国立「数学と航海術学校」が有名である。これは世界で最初の実科学校といわれている。

第Ⅰ部　西洋の教育制度と教育の歴史

参考文献

Reble, A. (Hrsg.), *Geschichte der Pädagogik*, Ernst Klett Verlag, Stuttgart, 20. Auflage, 2002（レーブレ，A.，広岡義之ほか訳『教育学の歴史』青土社，2015年）．

長田新監修『西洋教育史』御茶の水書房，1981年。

小澤周三ほか『教育思想史』有斐閣，1997年。

教師養成研究会編『近代教育史』学芸図書，1999年。

コメニウス，J. A.，井ノ口淳三訳『世界図絵』平凡社ライブラリー，1995年。

皇至道『西洋教育通史』玉川大学出版部，1981年。

広岡義之編『教職をめざす人のための教育用語・法規』ミネルヴァ書房，2012年。

ボルノー，O. F.，浜田正秀訳『哲学的教育学入門』玉川大学出版部，1988年。

山﨑英則・徳本達夫編著『西洋の教育の歴史と思想』（MINERVA 教職講座 3），ミネルヴァ書房，2001年。

第5章
啓蒙主義の時代の教育

17世紀は，自然科学の発達と近代市民階級の台頭を契機として実学主義教育がさかんになったことは，前章でみてきた。これらの流れはフランスやドイツの教育界に多大な影響を与えることとなった。

18世紀は啓蒙主義の時代であり，中世以来の伝統や社会制度，人間に関する思想が合理的，理性的立場から批判され始めた。その意味で，18世紀は19世紀以後の近代社会の成立していく先駆的な時期となっている。

ルソーは『エミール』のなかで子どもを中心にすえた自然主義の教育論を展開し「子どもの発見者」と呼ばれた。18世紀の教育改革は，偉大な思想家ルソーの影響のもとにバセドウ，カンペなどの汎愛派の教育活動が展開されていく。そのなかでも，ルソーが強調した「自然」を福音として，その「自然」に従う教育の探究に一生を捧げたのがペスタロッチであった。

1　ロックの教育思想

人間性の探究

ロック（John Locke, 1632～1704）は，英国の哲学者で，イギリス名誉革命時代を代表する思想家でもある。教育とは，子どもの白紙の精神に印象を刻むことであり，白紙の状態に経験が書き込まれ哲学観念を得るという有名な「**精神白紙説（タブラ・ラサ）**」，すなわち子どもの陶冶可能性を主張した。彼の感覚的経験論・功利主義は，18世紀のフランス啓蒙主義の環境論的教育学説への橋渡しをする近代教育の原理となる。

ロックは，当時のイギリス社会の教養人である紳士を育成しようと試みた。

37

第Ⅰ部　西洋の教育制度と教育の歴史

主著の一つである『**教育に関する若干の考察**』（1693年）は，ルソーの『エミール』にも強い影響を与えたといわれている。ロックは，当時のイギリス社会の様相から，豊かな社会性と有用な知識を備えた教養人である紳士を育てようとした。「健全なる精神は健全なる身体に宿る」はロックの有名な言葉であり，紳士に不可欠な条件として健康な身体を重視し，このような彼の思想を**紳士教育論**という。

　ロックは啓蒙主義に最大の影響力をもつイギリスの思想家であったが，フランスにおいてもとくに百科全書派，ヴォルテールやルソーに対して決定的な影響を与えた。イギリスの道徳教育に関する著作によって，彼の思想はドイツにおいても流布した。

2　ルソーの教育思想

　ルソー（Jean-Jacques Rousseau, 1712～1778）は，スイスのジュネーブに生まれ，フランスで活躍した啓蒙期の社会思想家である。近代教育思想の立役者でもあるルソーは，30歳でパリに出て，啓蒙思想家と交際し，『**学問芸術論**』（1750年）で思想界に登場し，一躍有名人となる。以後，『**人間不平等起源論**』（1754年）や，民主主義社会の理論として『**社会契約論**』（1762年）を執筆し，その社会に生きる人間の形成論として教育的主著の『**エミール**』（1762年）を刊行した。冒頭の言葉は「**創造主の手から出るときにはすべては善であるが，人間の手にかかるとそれらはみな悪いものになってしまう**」というように，子どものあるがままの可能性を自然のままに阻害することなく教育しようという「主観的自然主義」の**消極的教育論**を唱えた。

　『エミール』において，教育は人間の一般的本質からのみ規定され，すべての階級教育や職業教育に対して強く反対している。「わたしの手を離れるとき，かれは，たしかに，役人でも軍人でも僧侶でもないだろう，かれはなによりもまず人間だろう」（今野訳，1962，31ページ）。ルソーは『エミール』第一巻でロックを手本として，さらに当時の風俗に対して鋭く批判をするなかで，詳細な

38

幼児教育論を展開している。簡素な食事，自然な運動，田園の空気，肉体と精神の鍛錬が熱心に勧められる。それにより，すでに同時代のうちに感覚に栄養を与え，子どもの能力が何ら問題なく使用できるようにさせることが大切とされるようになった。ルソーにとってとくに重要なことは子どもが我がまま，悪意，怒りから保護されていることである。

ルソーの「自然」は根本的にまさしく生命に直結しており，根源に根差し，真実で，人為を排した概念として把握されている。ルソーは啓蒙主義的な意味で，ロビンソン・クルーソー流の自然状態を発展の出発点として構想した。「自然」が彼の中心概念であり，自然的なものは同時に理性によって要請されたものでもある。ルソーは，堕落した文化，反道徳的社会，瑣末主義的な学問，僭主的国家を断固として拒否しただけであり，また「自然に還れ」という呼びかけでもって文化の純化のみを考えていたのである。

消極教育

消極教育とは，知識偏重の教育を批判し，それを抑圧する教育論の一つである。とくにルソーによって定式化された用語で，「自然が示す道に従い」「認識の道具としての諸器官を完全にする」教育を指し示す。子どもの自然で自由な自発性を重視し，権威や強制的介入を排除するべきであるとする教育論である。また**フレーベル**の**追随的教育**の主張も同じ内容のものである。さらに下って，新ルソー主義と呼ばれる**エレン・ケイ**の『**児童の世紀**』(1900年)における「**教育の最大の秘訣は教育しないところに隠れている**」という表現にも，消極教育の原理が示されている。

子どもの発見

教育論『エミール』は，架空の少年であるエミールについて，その誕生から結婚に至るまでの成長過程を描いた小説である。そこでは，子どもをはやく

図5-1　ルソー

から大人中心の型にはめ込もうとする伝統的な教育を批判し，子どもの自然な営みに従った子ども中心の教育であるべきことを説いた。子どもは，大人と異なった独自の成長過程やものの見方をもっており，それをよく観察し，子どもを発見することが大切であると考えた。子どもがけっして小さな大人ではなく，子どもは子ども自身の「自然本性」をもち，それゆえに子ども自身の権利を教育者に要求するという洞察が，ルソーによって教育学にもたらされたのである。

3　ペスタロッチの教育思想

民衆教育の実践

スイスのチューリッヒで生まれた**ペスタロッチ**（Johann Heinrich Pestalozzi, 1746〜1827）は，フランス革命およびスイス革命を中心に，18世紀から19世紀にかけて活動した「教聖」と呼ばれた人物であった。彼の思想と実践は，フレーベルやヘルバルトに直接影響を与えただけでなく，その後の世界の教育思想界に深く関わっていくことになる。

ペスタロッチは5歳のときに外科医だった父を失い，兄弟二人とともに，母と忠実な家事援助者バーバラによって育てられた。幼児期からチューリッヒ郊外で牧師をしていた祖父アンドレアスの感化を受けていたので，自らも牧師になろうと決心して神学の勉強を始めた。しかし牧師という職業が自分に適さないと判断した後，ルソーの『エミール』に刺激され，庶民の弁護者になろうと法律学の研究に志を変えていった。

図5-2　ペスタロッチ

幼少のときから内省的で純情一途であったが，大学時代には政治学を学び，「愛国者団」に入って，政界の不正を告発する社会改革運動に関わった。政府から要注意人物とみなされたために，政治家になることを断念し，農民となって貧しい人々を救済する道を選択した。ペスタロッチの関心は，人間性の

第5章 啓蒙主義の時代の教育

図5-3　ペスタロッチが幼少期を過ごした教会
出所：筆者撮影。

図5-4　ノイホーフにて
出所：筆者撮影。

「自然」を重んじてそれを探究することであった。彼はルソーの影響を受け，教育者として社会改革と民衆の救済を決意する。具体的には苦しい生活を強いられていた農民の救済から出発する。1768年，スイスの荒地に農園ノイホーフを開き，相愛の間柄であったアンナ・シュルテスと結婚して農民とともに一生を過ごす覚悟をもって新生活に入った。しかし荒地の開墾は困難をきわめ，農場経営は挫折の連続であった。

ペスタロッチは，農家の貧児や浮浪児を集めて学校を開き，寝食をともにし，ともに農業や紡績の仕事に従事しはじめたが，やがて経済上の理由で，この貧児学校も1780年に閉鎖せざるをえなくなる。

しかしこの頃から，ペスタロッチは教育についての深い省察とその思想的展開を開始，名著『隠者の夕暮れ』(1780年) を執筆する。この著作は，「木の葉の屋根の陰に住んでも，玉座の上にあっても，本質において同じである人間，それはいったい何であるか」という感動的な一句で始まるペスタロッチの最初の著作である。たとえば，真の教育は家庭の居間での母と子の安らぎと親しみから求めるべきだという主張が有名である。

『隠者の夕暮れ』出版後，恋愛小説の形で家庭教育や学校教育をテーマに

第Ⅰ部　西洋の教育制度と教育の歴史

図5-5　ペスタロッチ博物館
息子ヤコブのベッド，棚にはペスタロッチのデスマスクが飾られる。
出所：筆者撮影。

図5-6　ノイホーフにあるペスタロッチの墓碑
出所：筆者撮影。

『リーンハルトとゲルトルート』（1781〜1787年）を書き上げたが，またそれとほぼ同じ頃に書かれた感動的な著作に『立法と嬰児殺し』（1783年）がある。当時，二人の少女が自分たちの産んだ嬰児を自分で殺したという罪で死刑を受けたという事件に関するもので，ペスタロッチによれば，「傷ついた鳩の血にさえふるえる可憐な少女」がこうした本性に背く罪を犯すというのは，「絶望」の結果にほかならない。男に絶望し，両親に絶望し，国家に絶望し，神に絶望するとき，少女はわが児を殺す。こうした犯罪の防止のためには，けっして冷たく処罰しないことが大切であるという。こうしたペスタロッチの主張は，立法上・刑事政策上の関心をひき，死刑廃止制度などへの強い刺激となっていった。

居間の教育の重要性

ペスタロッチによれば，人間生活はその中心に居間・父親の家が存在する同心円的生活圏のうえに築かれていくものである。人間の住まいをめぐって聖なる場所が存在し，そこで息子は父といっしょに株を切り，数え，娘は糸を紡ぎ，母がそばで歌う歌を糸紡ぎのなかで学ぶ。子どもの誕生を祝福し，微笑を投げかけて授乳し語りかけるところから親子の信頼関係は構築されていくというのである。

第5章　啓蒙主義の時代の教育

　彼はシュタンツで孤児院を開設した。実際の活動はわずか6か月あまりであ
ったが，この教育活動は当時の幼児教育や初等教育に多大の影響を及ぼした。
ここでの実践記録をペスタロッチの友人ゲスナーに宛てた内容が『シュタンツ
便り』（1799年）である。その後，ブルクドルフに学園を開き，『ゲルトルート
はいかにその子を教えるか』（1801年）を執筆する。次いでミュンヘンブーフ
ゼー，イヴェルドンに学園を移し，教育実践に力を注いだ。しかし教師間の不
和などもあり，フレーベルの滞在した1810年頃を頂点として次第に衰退し，学
園を閉鎖せざるをえなくなる（1825年）。その後，ノイホーフに戻り，教育論と
自伝から構成された遺著『白鳥の歌』（1826年）を公刊した。死後もペスタロッ
チ主義運動が展開され，ペスタロッチの教育思想および彼の教育実践は世界の
教育界にはかり知れない大きな影響力をもった。

　ペスタロッチの墓碑には，「ノイホーフにおいては貧しき者の救済者。リー
ンハルトとゲルトルートのなかでは人民に説き教えし人。シュタンツにおいて
は孤児の父。ブルクドルフとミュンヘンブーフゼーにおいては国民学校の創設
者。イヴェルドンにおいては人類の教育者。人間！　キリスト者！　市民！
すべてを他人のためにし，おのれにはなにものも求めず。恵みあれ彼が名に」
と刻まれている。

4　教育の諸思潮

　カント（Immanuel Kant, 1724〜1804）は，ドイツの哲学者で，ケーニヒスベル
ク大学を卒業後，同大学の教授・総長を長らく務める。**三大批判哲学**の体系書，
『純粋理性批判』『実践理性批判』『判断力批判』などを著す。『純粋理性批判』
（*Kritik der reinen Vernunft*, 1781年）において彼は認識する法則とその効果を確
定しようと試みた。しかし『実践理性批判』（*Kritik der praktischen Vernunft*,
1788年）において彼は法則とその効果に当為（sollen）の法則を対置させた。カ
ント哲学は陶冶や教育にとっても重要である。なぜならば，とくに彼は啓蒙主
義の有用性とその幸福至上主義道徳のすべてに反対して，義務の概念と人間性

43

の理念を強調したからである。教育学についての講義録『教育学講義』のなかで「**人間は教育によってのみ人間となることができる**」とか「**人間は教育されねばならない唯一の被造物である**」と有名な言葉を述べている。彼は人間の自然な資質を尊重し，これを道徳的人格にまで高めることを教育の目的とした。また彼の教育についての考察は，国家を超えて広く人類や世界市民のあり方に向けられており，当時の現実主義的な一般的風潮に対してきわめて理想主義的な思索を展開していたところに特徴がある。

　汎愛学院（フィラントロペン）は，1774年に**バセドウ**（Johann Bemhard Basedow, 1724～1790）によってドイツのデッサウに設立された学校で，汎愛学舎とも呼ばれる。彼は実務的実行力に秀でた市民を育成するために，教会の学校監督権を国家に委譲し，徹底的な教育改革を主張した。教会支配による機械的な注入主義教育を排除し，ルソーにみられる人間性への関心や自然に則した教育という考え方を継承しながら，より現実的な教育を説くものである。合理主義の哲学や大衆向けの啓蒙主義文学と関連して発展したこの啓蒙主義の教育的精神は，彼らを通して実際的な学校生活と学校組織のなかに浸透していった。汎愛派はまた「理性的・自然的」教育を望んだ。彼らの教育にとっては，知的な陶冶と自然に親しむことと，すべて簡素な生活環境で暮らすこととがともに重要とされた。また身体鍛練や労作教育・遊戯学習を重視したが，この学院は1793年に閉校された。

図5-7　カント

　なお，この学院に関わるものを総称して**汎愛派**と呼んでいる。なかでも『**蟹の書　非合理的な児童教育に対する指針**』（1780年）や『**蟻の書　合理的な教師養成への指針**』（1806年）を著した**ザルツマン**（Christian Gotthif Salzmann, 1744～1811）が有名である。この小冊子は教育者の使命に捧げられた彼の愛情の賜物として，教育者と教師の教育に関する後世の文献に重要な貢献をなした。啓蒙期全体の教育的情熱がこの小冊子に反映されているといえるだろう。ザ

ルツマンはこの小冊子で教育を人間の最も高貴で至福に満ちた課題と賞賛している。彼はバセドウの汎愛学舎に招かれ宗教教授を担当したが，後に独立して自らの学校を開設した。そこで近代体操教育の祖グーツムーツが教師として協力した。

『百科全書』（本文17巻，図版11巻，1751〜1772年）は，フランスで20年間をかけて執筆者184人によって刊行された壮大な出版事業であった。これらの事業に携わった人々の思想を総称して**百科全書派**と呼称する。百科全書の編集を担当した**ディドロ**（Denis Diderot, 1713〜1784）をはじめ，**ヴォルテール**（Voltaire, 1694〜1778），ダランベール，ルソー，コンドルセなど錚々たる思想家が顔をそろえている。彼らは，近代的な知識と思考法によって人々を啓蒙し，権威に対して批判的な態度を展開した。

ラ・シャロッテ（La Chalotais, 1701〜1785）は，フランスの司法官で，ジェスイット（イエズス会）活動を禁止し，その支配下にあった中等教育を絶対主義国家の掌中に移そうとした。宗教教育を排除して自然諸科学を重視するなど，きわめて斬新な近代的教育構想をもっていた。そうした中等教育改革計画を主著『国民教育論』（1763年）として出版。「国家の子どもは国家の構成員によって育成されるべきである」と国家教育権論を展開した。

参考文献

Reble, A. (Hrsg.), *Geschichte der Pädagogik*, Ernst Klett Verlag, Stuttgart, 20. Auflage, 2002（レーブレ，A., 広岡義之ほか訳『教育学の歴史』青土社，2015年）.
石村華代・軽部勝一郎編著『教育の歴史と思想』ミネルヴァ書房，2013年。
長田新監修『西洋教育史』御茶の水書房，1981年。
小澤周三ほか『教育思想史』有斐閣，1997年。
教師養成研究会編『近代教育史』学芸図書，1999年。
皇至道『西洋教育通史』玉川大学出版部，1981年。
広岡義之編『教職をめざす人のための教育用語・法規』ミネルヴァ書房，2012年。
山﨑英則・徳本達夫編著『西洋の教育の歴史と思想』（MINERVA教職講座3），ミネルヴァ書房，2001年。
ルソー，J.-J., 今野一雄訳『エミール〈上〉』岩波文庫，1962年。

第6章

革命期の教育

西欧各国は，市民革命を経て近代市民社会へと，また産業革命を経て資本主義体制へと移行してゆく。こうした激動の時代にあって教育制度もまた大衆性・実用性・教養等が重んじられてゆく。19世紀以降の欧米の教育にとって，産業革命は強烈なインパクトを与えたといえるだろう。

1　イギリス市民革命と教育制度

清教徒（ピューリタン）革命期

イギリスでは，17世紀に二つの革命が起きた。貴族等の旧支配層と新興ブルジョワ階層とのせめぎあいが特徴的である。

清教徒（ピューリタン）革命は，貴族・僧侶・大商人などの王党派と，産業資本家・労働者などの議会派の対立が端緒であった。議会派のクロムウェル（Oliver Cromwell, 1626～1712）が結果的に勝利するがその後，独裁政治に走ってしまうことになる。

イギリスのピューリタン革命期の教育政策で注目すべき点は，王党派や**教会**から没収した財産を，学校教育経費の助成に当てたことである。これはピューリタン政府が，**公費**による学校維持という理念を実現したものである。

名誉革命期

議会派のクロムウェルの死後は，再び王政が復活したものの，**名誉革命**によって新しい立憲制の君主国家が成立した。新しい政府すなわち名誉革命政府は，1689年に**宗教寛容令**を発令し，**非国教徒**への統制を弱めた。そのために非国教

46

第6章 革命期の教育

図6-1 独立初期のアメリカ諸州
アミカケ部は独立当初の13州。数字は加入年。
出所：教師養成研究会（1999, 81ページ）をもとに作成。

徒が経営する私塾**非国教アカデミー**（dissenting academy）が定着し、規模も拡大した。この時期に貧民の子どもへの宗教教育や慈善学校の普及活動を展開した組織が、1698年設立の**キリスト教知識普及協会（SPCK）**であった。

2 アメリカ独立革命時代の教育制度

18世紀中葉からアメリカ植民地に対して、イギリス本国は圧迫を加えるよう

47

第Ⅰ部　西洋の教育制度と教育の歴史

になった。これによりアメリカはイギリス本国への抵抗を強めるようになり，1775年，ついに独立戦争が勃発し，翌年には独立宣言が発表された。

アメリカ独立宣言の理念は，万人に平等な教育の機会を提供することであった。そのためこの時期には多くの教育改革案が提出された。有名なものに，ジェファーソン（Thomas Jefferson, 1743〜1826）の**知識普及促進法案**がある。

ジェファーソン

ジェファーソンは独立宣言の起草者といわれ，後にアメリカ第三代大統領となった政治家である。1779年にヴァージニア州議会に提案した「知識の一般普及に関する法案（知識普及促進法案）」は，国民教育制度の先駆的役割を果たすものであり，歴史上，高く評価されている。すでにこの当時，彼は3階梯の単線型学校体系を構想していたのである。この案は結局，議会を通過せず廃案となったが，その後の公教育の実現に向けて大きな影響力をもつものとなった。

フランクリン

フランクリン（Benjamin Franklin, 1706〜1790）は，アメリカ独立期の政治家で独立宣言起草委員の一人である。また自然科学者として，とくに雷と電気とが同一であることを立証し，避雷針を発明したことでも有名である。1751年にフィラデルフィアに**アカデミー**（academy）を設立した。従来の中等教育機関が古典語を中心にした宗派性の強い貴族的性格であったのに対して，アカデミーでは，国語（英語）によって実際生活に役立つ有用な知識を学ばせることにした。後にこれはペンシルヴァニア大学へと発展してゆく。フランクリンはまた，文筆家として，『**貧しきリチャードの暦**』（1732年〜。25年間発刊）などの出版により，民衆教育にも大きな影響を与えている。

3　フランス革命期の教育制度

ルイ14世の時代に絶頂を極めたフランス絶対王政は，18世紀後半になると衰

第6章 革命期の教育

図6-2 ダヴィッド「ナポレオンの戴冠式」
①：ナポレオン1世。②：皇妃ジョセフィーヌ。③：ローマ教皇ピウス7世。
当初はローマ教皇がナポレオン1世に戴冠する予定だったが，当日になってナポレオンは皇妃ジョセフィーヌに自らが戴冠することで全能の権力を手にしたことを示そうとした。ルーブル美術館蔵。

退し始め，市民や農民は不満を高めていった。1789年，財政の建て直しのために開催された僧侶・貴族・平民の三部会における対立を契機として，フランス革命が起こり，平民部会は国民議会と呼称して，保守反動勢力を襲撃して人権宣言を発表した。その後，幾多の抗争を経て，1799年にナポレオン（Napoléon Bonaparte, 1769〜1821）の支配によって大革命は終結する。

このフランス革命との関わりで生じた政治・社会・経済的な諸改革は，深く教育の改革と結びついていた。そのため革命議会でも，新たな公教育体制の確立が焦眉の課題であった。とくに以下の三つの有名な教育法案が重要である。

3つの教育法案

第一は，**コンドルセ**（Condorcet, 1743〜1794）案である。コンドルセはフランス革命後，立法議会の議員となり，コンドルセ案として1792年議会に理想主義的な**「公教育の一般組織に関する報告案」**を提出した。国民教育を**公権力**の当然の義務として，教育の自由の原則や教育の機会均等の原則を提起し，学問思想の自由と子どもの学習権を尊重した。遺著に**『人間精神進歩史』**（1795年）がある。

第二は，**ルペルチェ案**として，1793年に国民公会に提出された法案である。

49

第Ⅰ部　西洋の教育制度と教育の歴史

すべての子どもを例外なく**国民学寮**に収容して体育と**訓育**中心の教育を与えよ
うとした。

　第三は，**ドヌー法**として，革命議会が最後に制定した1795年の教育法である。
中・高等教育の整備は充実したものの，初等教育を**有償制**とし，義務教育の理
念を後退させ，軽視冷遇した。

4　イギリスの産業革命と教育制度

　1760年代にイギリスで始まった産業革命は，技術の発達に伴ったまさに生産
様式の革命であった。これは社会構造にも大変革をもたらし，教育の分野でも
新たな問題を孕むようになった。産業革命によって，農村の人々は工場のある
大都市へと集中し始め，その結果，大都市の悪い環境のなかで，多数の子ども
たちが放任され，教育的に深刻な問題が発生することになるのである。

年少労働者の増大

　これまでの熟練労働者に取って代わって，賃金の安いしかも従順な年少者や
婦人が労働者となる機会が増大した。年少労働者は劣悪な条件で過酷な労働を
強いられ，学校に行って勉強することが困難な事態に陥っていた。こうした状
況を打破するために，イギリス政府は1802年に「徒弟の健康及び道徳に関する
法律」を制定した。これは世界初の工場法として価値あるものである。たとえ
ば同法は9歳未満の年少者の労働を禁止したり，1日12時間以上の労働禁止を
定めている。

民間の教育施設の設立

　ベル（Andrew Bell, 1753～1832）と**ランカスター**（Joseph Lancaster, 1778～1838）
は，都市に流入した大量の年少者に教育を受けさせる機会を提供する制度を発
案した。多くの生徒を教授するさい，生徒のなかで優れた者を助教（monitor）
と定め，助教が教師の指示を受けて他の生徒に教えるという方法である。助教

第6章　革命期の教育

図6-3　ベル・ランカスター法による大講義風景

を指揮することにより一人の主教授だけで多数の生徒の授業が可能となり，**助教法**もしくは**モニトリアル・システム**（monitorial system)，または発案した両者の名前をとって，**ベル・ランカスター法**とも呼ばれている。この方法により，30人の助教がいれば，300人の生徒を教師一人で教授することが可能であった。

ベルは，「貧民教育のための国民教会（イギリス国教会系）」の民間学校団体を，ランカスターは「英国内外学校教会（非国教会系）」を設立した。

ロバート・オウエン

ロバート・オウエン（Robert Owen, 1771～1858）は，イギリスの空想的社会主義者で綿工場主であり，産業革命期の教育改革運動家の代表者でもあった。イギリスの産業革命は，無知，怠惰，不潔，泥酔，堕落を伴った労働者の生活を出現させた。オウエンはこうした社会的問題を少しでも改善するために，ニューラナークの紡績工場内に**性格形成学院**（1816年）を設立し，そこで労働者教育を実践した。オーエンは，幼児教育の最初の試みで，1840年に世界で最初に幼稚園を設立したといわれるフレーベルよりも時代的にはやく，就学前の子どものための学校を開設したことになる。

このニューラナークの紡績工場は2001年に世界遺産に登録されている貴重な文化財でもある。

オウエンは，苛酷な児童労働を緩和するための法律の制定にも尽力した。

51

第Ⅰ部　西洋の教育制度と教育の歴史

図6-4　ニューラナークの紡績工場

1819年の工場法はその成果である。環境が人間の性格に多大の影響を及ぼすと考え，「**性格は環境によって形成される**」という彼の言葉は有名である。教育関連の著作として『**新社会観**』(1813年) を著し，人間の思想や行動は，主としてその周囲の環境によって形成されると考えた。

参考文献

Reble, A. (Hrsg.), *Geschichte der Pädagogik*, Ernst Klett Verlag, Stuttgart, 20. Auflage, 2002（レーブレ，A., 広岡義之ほか訳『教育学の歴史』青土社，2015年）.
石村華代・軽部勝一郎編著『教育の歴史と思想』ミネルヴァ書房，2013年。
長田新監修『西洋教育史』御茶の水書房，1981年。
小澤周三ほか『教育思想史』有斐閣，1997年。
教師養成研究会編『近代教育史』学芸図書，1999年。
皇至道『西洋教育通史』玉川大学出版部，1981年。
広岡義之編『教職をめざす人のための教育用語・法規』ミネルヴァ書房，2012年。
山﨑英則・徳本達夫編著『西洋の教育の歴史と思想』(MINERVA 教職講座3), ミネルヴァ書房，2001年。

第7章
近代公教育制度の成立

　教育は元来家庭から始まったもので，それが漸次，私塾，教会，職場に広がり，やがて国家・社会の発展とともに国家が教育へ関与するようになった。その結果，**公教育**（public education）の必然性が生じるのである。国民全体のものとしての公教育には，**無償・就学義務・宗派的中立**等の原則が存在する。

　近代公教育の実現は一挙に成立したわけではない。封建的な社会体制を基盤とする宗教権力，絶対主義的な政治体制の長い闘争を経て獲得されてきたものなのである。

　義務教育制度の確立と普及によって，教員養成の要望も高まってきた。師範学校はこうした社会の期待に沿う形で，職業人としての教員を養成するようになる。しかし初期の教員養成の実際はきわめてささやかなものであり，貧民学校等といっしょに経営されていたような事例は西洋教育史上，しばしば散見できるところである。それゆえ，初期の師範学校は，大学を頂点とする各国の教育制度の体系からみて，傍系あるいは袋小路のような地位しか与えられていなかった。師範学校が教育大学あるいは一般大学内における教育学部としての地位を獲得するまでの歴史は，一般大衆が教育において均等な機会を確保する歴史と密接な関係にあった。

1　ドイツの公教育制度

　ドイツでは各領州単位に，近代的公教育制度が整備されてゆく。とくに**プロイセン**は模範的なものであり，1871年の統一ドイツ帝国の成立を経ていっそう確固としたものとなってゆく。

新人文主義

フランス革命の影響を強く受け、さらに19世紀初頭ナポレオン軍に破れたプロイセンでは、社会の近代化を図るために、教育や文化面での改革が進められた。そこでは官民をあげて「プロイセンの再生」を図ろうとするナショナリズムの運動が起こった。その中心で活躍した一人が哲学者の**フィヒテ**(Johann Gottlieb Fichte, 1762~1814)であった。彼は、カント哲学から出発し、ドイツ観念論を展開し、さらにペスタロッチらの教育者たちとも交わり、国民教育を主張した。ナポレオンのフランス軍駐留下での有名なベルリン教育講演、『**ドイツ国民に告ぐ**』(1808年)では、教育による祖国の再建を強調し、後にベルリン大学総長にも就任した。

フンボルト(Karl Wilhelm von Humboldt, 1767~1835)もまた、一般的人間陶冶を説く新人文主義者であり、プロイセン改革期の教育政策等で活躍した。プロイセンの公教育局長として、単線型教育制度の原型を立案した。なかでもギムナジウム改革は特筆に値する。彼もまたベルリン大学創設の中心的存在であった。

プロイセン憲法

1848年の三月革命によって教育改革の要求が増し、政府は同年、プロイセン欽定憲法を制定し、そのなかに教育条項を設置した。そこでは、学問・教授の自由、教育を受ける権利、親の就学義務、国の民衆学校設置義務および無償化等を明記した近代的内容が盛り込まれていた。

図7-1 フンボルト

ドイツの統一

1871年、プロイセンによって領邦国家が統一されドイツ帝国が成立する。宰相ビスマルク(Otto von Bismarck, 1815~1898)は、教育を帝国の発展の手段として重視するようになる。1872年には「学校監督

法」を公布し，教会と学校の分離を図り，学校の監督権を僧侶から国家に一元化した。

2　フランスの公教育制度

　フランス大革命以降も体制の変動が相次ぎ，教育改革案もまた廃案あるいは短命に終わる事例が多かったが，継続的な努力の結果，19世紀末に公教育制度の基礎が形成された。

ナポレオン学制

　ナポレオンは1799年に政権を樹立するものの，支配者として実権を保持できた期間は短く，1814年には失脚することとなった。この間，教育を国家の管理のもとに一元化する教育政策を採用した。彼の教育政策は主としてブルジョワ階級のためのものであり，中等教育の国家管理の道を開いた。ナポレオンは，1802年に「公教育の一般法」を制定することにより，国立の中等学校リセ（lycée）と公立のコレージュ（collège）を設定した。さらに1806年と1808年の教育令によって帝国大学の制度を確立した。

初等教育の改善

　19世紀に入り，産業革命が進むと，それに伴い，民衆を対象とした初等教育の改善が始まった。ナポレオンの失脚後，ルイ18世が位につき，**王政復古**の時代となり，1828年に教育行政の中核となる文部省が初めて設置された。それに続いて1830年の七月革命でルイ・フィリップが即位し，ようやく初等教育の改善が着手され始めた。

　同年公布された憲法に基づいて革命政府が1833年に制定したのが**初等教育法**であり，**ギゾー法**とも呼称する。これは文部大臣**ギゾー**（François Pierre Guillaume Guizot, 1787～1874）の名前にちなんで1833年に制定された「初等教育法」を指す。フランスにおける最初の初等教育に関する国家的法律で，この法律制定後，

55

第 I 部　西洋の教育制度と教育の歴史

小学校の数が増加し初等教育が国民の間に根づいていった。

公教育への努力

　1871年に第二帝国が崩壊し，第三共和国が成立すると，フランスの公教育は
格段の進歩をしていく。その後，公教育制度への整備が続けられるなかで，文
部大臣フェリー（Jules Ferry, 1832～1893）は1880年の教育法において，6歳か
ら13歳までのすべての者の初等教育を義務制と定め，公立学校から宗教教育が
排除された。これにより，現代フランスの公教育制度の基礎が構築されたので
ある。

3　イギリスの公教育制度

　イギリスにおいては1833年の民間学校建設への国庫補助金制度が，教育への
国家介入の開始とされている。その後，公教育制度の充実が進み，19世紀後半
から20世紀初頭にかけて制定された諸法令によって公教育制度が確固たる地位
を築くようになる。

公教育の基礎

　公教育制度を求める声が高まるなかで，1870年にイギリス最初の初等教育法
が制定された。起草者の名前をとってフォスター法（Foster Education Act）と
呼ばれた。これよりイギリスの公教育体制がますます整備されていく。1876年
の教育令によって初等教育の義務制が一部実現され，ほぼ義務制は確立するこ
ととなる。

公教育の進展

　1899年には，教育局が昇格して文部省となり，初等，中等のすべての学校を
所管する単一の国家機関となった。1891年には，無償制が多くの学校で実施さ
れ，さらに20世紀に入ってからは，フィッシャー法（Fisher Act）によって，

56

14歳までの全日制義務教育化，公立小学校の授業料の無償制が確立した。これは，イギリス教育院総裁フィッシャーにちなんでつけられた1918年の教育法を指す。

4 アメリカの公教育制度

　植民時代の アメリカは，ヨーロッパ諸国と同様に，教育は教会や私人が担うのが実状であり，公的な仕事とは捉えられていなかった。こうした傾向はアメリカ独立後も変わらず，そのために合衆国憲法（1789年）では，教育についての規定はまったく存在せず，修正憲法（1791年）で初めて，教育の問題は各州の自主的処理に委ねられることとなる。これ以降，州ごとに独自な教育体制を定める伝統が生まれていく。

　アメリカ合衆国の教育制度史を一瞥すれば，比較的早い時期から，たとえば民主的な単線型教育体系等の近代的公教育制度の原則が構築されたといえよう。

　1776年に独立を達成したアメリカ合衆国は，19世紀に入り，民衆の子どものためのコモン・スクール運動の高まりのなかで，1852年にマサチューセッツ州において義務教育のための立法がなされ，南北戦争を経て西部や南部の諸州にも普及するところとなった。そして20世紀初頭からの新教育運動の展開のなかで，初等教育の改善や教育の機会均等の理念に基づいた近代的な単線型の学校制度が形成されたのであった。

マサチューセッツ州初代教育委員長としてのマン

　マン（Horace Mann, 1796〜1859）は，「アメリカ公教育制度の育ての親」といわれている。彼は，公立学校の基本理念を説き，マサチューセッツ州においてアメリカ最初の州教育委員会を組織し，無償の義務教育制度を提唱した。また彼は公立の民衆初等学校としての**コモン・スクール**（common school）を設立し，さらにアメリカで最初の師範学校も設置した。

第Ⅰ部　西洋の教育制度と教育の歴史

教育委員会制度

　コモン・スクールの教育水準を高めるためにも，州に教育行政機関を設置し，学校を監督する必要性が生じてきた。先駆的役割として，マサチューセッツ州では1826年に，町に学務委員会（School Board）が，続いて1837年に州に**教育委員会**（State Board of Education）が設置され，区域内の学校の監督を行うようになった。委員会は住民によって公選された者たちで構成され，その最高責任者として1837年，マンが**マサチューセッツ州初代教育委員長**に就任し，教育委員会制度に多大なる貢献を果たした。その後，他の州にもこの制度は普及するようになる。マンと並んで活躍したのがコネチカット州教育委員長に就任した**バーナード**（Henry Barnard, 1811〜1900）である。

ハイ・スクール

　初等教育が充実し，修学年限が8年を超えるようになると，その延長として発展的に継続する大衆的な中等教育機関の必然性が生じてきた。イギリス本土を模倣した古典文法学校等に対抗して，新しいアメリカ社会の要求としての民主的・近代的中等学校としての公立のハイ・スクール（high school）が設置されるようになってきた。ハイ・スクールの教育では，古典語が排除され，英語，英文学，自然科学，実学的教科が積極的に導入された点が特徴的である。ハイ・スクールは19世紀後半に急増し，当初は初等学校8年に続く4年制が主流を占めていた。

5　ロシアの公教育制度

　ピョートル大帝はロシアの近代化を推進したが，それはどこまでも社会の上層部を対象としたもので，農民を犠牲として成立したものでしかなかった。1786年には啓蒙君主であった女帝エカチェリーナ2世が，最低限の義務教育を与える目的で，「小学校令」を制定した。

第7章　近代公教育制度の成立

国民教育への関心

1801年にアレクサンドル1世（Aleksandr I, 1777～1825, 在位1801～1825）が即位し，翌年の1802年には「国民教育省」を設立した。さらに，1804年には「学校令」を制定したものの，ロシアの実情を無視したために，実際の教育要求とは程遠いものとなり，形骸化してしまう。とはいえ，彼が即位した当初のロシアは，フランス革命の影響もあり，皇帝自身も革命の影響を恐れて，比較的自由な空気が流れ，進歩的な改革が実施された。

反 動 政 策

しかし1812年の祖国戦争でナポレオンを撃破したことで，アレクサンドル1世は反動的な君主に変貌し，学校における宗教教育を強化したり，大学の自由を侵害するようになった。しかしながらアレクサンドル1世の死後，有名な「デカブリスト（12月党）の反乱」が勃発した。これは共和制の実現や農奴制の撤廃等のブルジョア革命運動であった。1828年に，ニコライ1世（Nikolai I, 在位1825～1855）が新しい「学校令」を制定したが，これは複線型の学校制度を確立するための反動的法令であった。

こうした農奴制撤廃の前後には，解放される農民大衆に対しての国民教育論が深まっていった。トルストイ（Lev Nikolayevich Tolstoy, 1828～1910）が自分の領地ヤスナヤ・ポリャーナに学校を開設したり，ロシアの国民学校や教育の父と呼称されたウシンスキー（Konstantin Dmitrievich Ushinski, 1824～1870）の活動もこの頃に展開されている。

参考文献

Reble, A. (Hrsg.), *Geschichte der Pädagogik*, Ernst Klett Verlag Stuttgart, 20. Auflage, 2002（レーブレ，A.，広岡義之ほか訳『教育学の歴史』青土社，2015年）.

長田新監修『西洋教育史』御茶の水書房，1981年。

小澤周三ほか『教育思想史』有斐閣，1997年。

貝塚茂樹監修『教職教養サブノート』（教員採用試験サブノートシリーズ），協同出版，2002年。

第Ⅰ部　西洋の教育制度と教育の歴史

　教員採用試験情報研究会編著『教職教養教育史これだけは暗記しとこう』一ツ橋書店，
　　2004年。
　教師養成研究会編『近代教育史』学芸図書，1999年。
　熊谷一乗『現代教育制度論』学文社，1996年。
　皇至道『西洋教育通史』玉川大学出版部，1981年。
　ノール，H., 島田四郎訳『人物による西洋近代教育史』玉川大学出版部，1990年。
　広岡義之編『教職をめざす人のための教育用語・法規』ミネルヴァ書房，2012年。
　山﨑英則・徳本達夫編著『西洋の教育の歴史と思想』（MINERVA 教職講座３），ミ
　　ネルヴァ書房，2001年。

第8章
19世紀の教育

　18世紀後半から19世紀前半の産業革命は，イギリスを筆頭にヨーロッパ社会を劇的に変化させた。19世紀のヨーロッパ社会では，フランス革命の自由平等思想に基づく国民の自由独立主義が前面に押し出された。とくに19世紀に入ってから，資本主義体制が固められ，都市人口の膨張，大都市の勃興や労働者階級の台頭をもたらし，労働・社会問題を発生させるようになってきた。

　こうした機運は，一方でロマンティークの思想を生み出し，他方では自然科学の尊重やナショナリズムを発展させて，さらにはマルクス主義を成立させるに至った。ヘルバルトの教育学の科学的体系，フレーベルのロマンティークの教育思想，スペンサーの実学的科学教育論，ウシンスキーの国民教育論等は，こうした時代背景から生まれてきたものといえよう。

1　フレーベル

　フレーベル（Friedrich Wilhelm August Fröbel, 1782～1852）はテューリンゲンの出身で，すでに幼少の頃より自然に深い愛情を寄せていた。彼は1805年に教師としての活動に目覚め，教職を自己の真の使命と受け止めていった。1805年，1806年そして1810年に，イヴェルドンにペスタロッチを訪問し，彼の教育思想と世界を受容しつつ成長していくこととなる。フレーベルの求めた「生命の通った，自然に基づいた授業」は全世界と全生命とに関連して根拠づけら

図8-1　フレーベル

第Ⅰ部　西洋の教育制度と教育の歴史

図8-2　フレーベルが創設した世界で初めての幼稚園
出所：筆者撮影。

れることとなる。根本諸原則の足跡を辿るために，フレーベルはその後の数年間（1811〜1816年），広範囲にわたる自然研究と言語研究をゲッティンゲンとベルリンで行った。自然と人間世界はフレーベルの直接的な探究領域であり，汎神論的に解釈される三和音である自然・人間・神のうちの二領域である。彼はすでに1810年，「三つの方向，すなわち自然探究，自己沈潜，神賛美が人間精神に付与されている」と述べている。しかし，決定的なことは次の結論的文言である。すなわち「これらの三つは一つである」。フレーベルの理解によると，すべての個別現象に同一の神的生命が表出されており，したがって万物の根底の基礎には同一の法則が働き，あらゆる現象は彼にとっても究極的根拠として一つである。

幼稚園の創始者

　フレーベルは，幼児教育に偉大な足跡を残した。主著に『**人間の教育**』（1826年）および幼児教育の手引書である『**母の歌と愛撫の歌**』（1844年）がある。

　彼は子どもの遊びと作業の体系である**恩物**（Gabe）を考案した。恩物とは「**神から与えられた物**」（Gaben=given）の意で，幼少年のための玩具で，ボールや積み木から成り，万物の形式，法則を象徴するものである。それはまた幼児の創造力を伸ばし，自然・神・自己を知らせるために神より授けられた贈り物である。現代の幼稚園教育におけるさまざまな遊具・教具の発達は主としてこのフレーベルの恩物にその源泉をもっているのである。

　世界で初めて**幼稚園**（Kindergarten）を創設したのが，このフレーベルである。この**一般ドイツ幼稚園創設**（1840年）は，教育の歴史に意義ある実践として銘記されよう。ちなみにわが国最初の幼稚園は1876（明治9）年に**東京女子師範学校**に付設された。

第8章　19世紀の教育

図8-3　第一恩物
出所：筆者撮影。

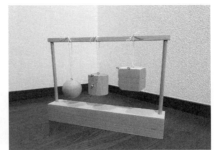

図8-4　第二恩物
出所：筆者撮影。

万有在神論

　フレーベルによれば，万物の唯一の根源は神にある。自然も人間もともに神から生まれ，両者の間には同一の法則が支配している。**神性**は万物に宿り，万物は神がそのなかに働くことによってのみ存在するとフレーベルは考えた。そこからフレーベルは，教育は人間のなかにある神性を導き出し，人間と神を合一させることが目的であると結論づけた。

　幼児の本性が善であるならば，幼児教育の任務は，幼児の本質より出たものをゆがめずに，すなおに発展させることにほかならない。したがって幼児教育は**要求的・命令的**であってはならず，むしろ**受動的・追随的**なものとなるべきであるという。

2　ヘルバルト

　近世の教育思想史においてルソーとペスタロッチの演じた役割はきわめて大きい。これらの教育思想に体系を与えて，これを科学的教育学にまで発展させることは，19世紀から20世紀に至るまでに出現した教育学者に課せられた課題であった。この課題と真剣に取り組んだ最初の学者で，近代教育の創建者と呼ばれているのが**ヘルバルト**（Johann Friedrich Herbart, 1776～1841）であった。

第Ⅰ部　西洋の教育制度と教育の歴史

図8-5　ヘルバルトの像
ゲッティンゲン大学。
出所：筆者撮影。

図8-6　ヘルバルトの墓
出所：筆者撮影。

生涯と主要著作

　1776年ドイツのオルデンブルクの官僚の家に生まれたヘルバルトは、教育熱心な母親に育てられ、ルソーに劣らぬほどの早熟な子どもであった。
　フィヒテやシラーが教鞭をとっていたイエナ大学に進学し、3年間の哲学研究を終えたヘルバルトは、21歳の学生のとき、スイスのベルン市へ赴き、この地の知事であったフォン・シュタイゲル家三人の息子の家庭教師となる。このときの貴重な教育体験が後に「ヘルバルト教育学の原細胞」と称されることになる。後年、教育学分野の著述に示される「**管理・教授・訓練**」、あるいは「**多面的な興味**」といった主張も若き日の体験が基盤となっている。またブルクドルフで児童教育の実践に没入していたペスタロッチを訪ね、実践から遊離しない教育学研究への基礎づくりを進めていく。
　1809年にはこれまでの教育学研究が高く評価され、ケーニヒスベルク大学へ教授として迎えられ、大哲カントが占めていた哲学講座を担当することになる。1833年、再度ゲッティンゲン大学にもどり、主として教育学の講義を担当する。
　1835年の『**教育学講義綱要**』のなかで次のように述べている。すなわち教育学は教育の**目的**を**倫理学**から引き出し、教育方法と授業の原則である**方法**を心

64

理学から導き出さねばならないと。

　教育学の領域で，この時期最も特筆すべき事柄は，ヘルバルトが知り合いの私宅を開放して寄宿舎学校とみなしギムナジウムの中級の生徒10名ほどを教授したことである。ヘルバルトの教育学ゼミナールを受講する学生たちにそこで**教育実習**を課し，教育の実地研究に取り組ませた。これが世界的に大学における実習訓練の始まりとされている。

四段階教授法

　ヘルバルトの四段階教授法は，「授業の分節化」として現代にもその不変の価値を見出しうる。どの授業もその対象を完全に研究するには，対象への「没入」とそれを「熟考」するという交互作用が必要となる。つまり，対象のすべてを受け入れるように対象に専念すること（没入）と，その対象を自分の内部で同化するために自己に立ち戻ること（熟考）との交互作用である。この上にさらに，安らいだ態度と前進の態度という，二つの区別が重なって，ヘルバルトにとっては**明瞭，連合**（連想），**系統**（体系），**方法**という四つの「形式的段階」が現れる。

　「明瞭」において重要なのは，対象を示すことであり，その細部を確実に理解するまでその対象に専念することである。「連合（連想）」においては自由な対話によって，新しいものを別のすでに知っているものに結びつけて内面的に同化しなければならない。「系統（体系）」においては，つながりの緩いものをまとめて統一し，最後の「方法」においては，子どもたちが自習で学んだものを新しい対象に応用するように訓練しなければならない。

　ヘルバルトは，上述のように，教育の目的を**倫理学**に，教育の方法は**心理学**に求めて，科学としての教育学をみごとに樹立した。教育方法としては，**管理・教授・訓練**と区別し，また彼の**四段階教授法の明瞭・連合・系統・方法**が，後々の全世界の教育界へ与えた影響力ははかり知れない。

　教授の目的として**多面的興味**があり，興味の種類として，経験的興味，思弁的興味，美的興味，同情的興味，社会的興味，宗教的興味の6種類を指摘して

第Ⅰ部　西洋の教育制度と教育の歴史

いる。こうして教授は，児童のすでに保持している思想圏から出発して多面性の陶冶を構成する。

ヘルバルト学派

　ヘルバルトが心理学と倫理学を教育の基盤に据えたのに対して，**チラー**（Tuiskon Ziller, 1817～1882）は，さらに宗教学を加えて教育目的の宗教的側面を主張した。ヘルバルトの四段階教授法（明瞭・連合・系統・方法）を**五段階**（分析・総合・連合・系統・方法）に改善したチラーは，コア・カリキュラムの先駆ともいえる**中心統合法**や，民族の発展段階に対応したカリキュラム編成法である**開化史的段階説**を提唱した。

　ライン（Wilhelm Rein, 1847～1927）もまたヘルバルト派のドイツの教育学者で，ヘルバルトの四段階教授である「明瞭・連合・系統・方法」を修正して，「**予備・提示・比較・概括・応用**」とし**五段階教授法**を樹立し，より実践的にした。日本でも明治20年代のはじめに，**ハウスクネヒト**（Emil Hausknecht, 1853～1927）がヘルバルト学派の教育学を導入し，**谷本富**によって受け継がれ，"ヘルバルト旋風"を巻き起こした。

3　ドイツの教育思想

　19世紀後半から今世紀にかけて，優れたドイツの教育思想家が輩出したが，ここではとくに日本の教育界に強い影響を与えた人物を中心に紹介することにしたい。

ナトルプ

　新カント派のマールブルク学派の代表者である**ナトルプ**（Paul Gerhard Natorp, 1854～1924）は，教育の根本に意志の陶冶を置いた。また教育は社会なしには成立しないという内容の『**社会的教育学**』（1899年）を著した。彼は理論的，演繹的な研究を推し進めた。彼自身はペスタロッチを高く評価し，カントの批判

的方法によってヘルバルトの教育学を批判する。ナトルプ自身，自己の立場を社会理想主義と称し，「人間は共同社会を通して初めて人間となる」と強調している。

ベルゲマン

ベルゲマン（Paul Bergemann, 1862〜1946）は，ナトルプと同様に，社会的教育学を主張しつつ，実証的，帰納的方法を重要視した経験科学的な研究を推し進めた。この点でナトルプの教育学とは正反対の立場に位置するのである。主著は『社会的教育学』である。

モイマン

モイマン（Ernst Meumann, 1862〜1915）は，ヴントに師事し，実験心理学を習得した後，実験教育学を創始した。モイマンはラインとともに，雑誌『**実験教育学**』を刊行し，経験科学的基盤の確立を試みた。モイマンの研究は，教育課程および教授法の改善などに寄与するものであった。彼は，教育学は教育という事実を対象とする独立の科学であるが，多くの他の諸科学の成果を取り入れねばならない学問であると考えた。

ケルシェンシュタイナー

『**公民教育の概念**』（1901年）と『**労作教育の概念**』（1912年）で有名になったドイツの**ケルシェンシュタイナー**（Georg Kerschensteiner, 1854〜1932）は，教育の目的として**公民教育**を，その方法として**労作教育**をとることを主張した。シュプランガーの影響で，文化教育学の立場をとり，またミュンヘン視学官を務め，多くの教育的功績を残した。

ケルシェンシュタイナーによれば，公民教育の役割とは，道徳化された職業陶冶や人格価値の完成に向かう教育活動によって，道徳的国家を目指すことであり，労作教育はこうした任務を果たすために非常に重要になるという。そのために，彼は従来の書物中心の教育に対して，体験や作業による教育を重視し

たのである。

シュプランガー

ドイツの哲学者であり、教育学者であるシュプランガー（Eduard Spranger, 1882～1963）は、文化教育学の発展に尽くした。ライプツィヒ大学教授を経て、1920年に母校のベルリン大学教授となる。第二次世界大戦後はテュービンゲン大学に招聘され、その後任がボルノーである。

ディルタイやパウルゼンの学説を継承し、実存哲学に至る思想を受け入れ、主著に**『文化と教育』**（1919年）、**『生の諸形式』**（1921年）や**『青年心理学』**（1924年）などがある。

図8-7 シュプランガーの墓
出所：筆者撮影。

ここで、**文化教育学**（Kulturpädagogik）とは、とくにシュプランガーやリットに代表される教育学の呼称で、客観的文化の主観化を主張する。ノールらの編集した雑誌『教育』では、「学問と生活における文化と教育の関連を目指す」とされている。思想的源泉は、新人文主義やシュライエルマハーに始まり、ディルタイやジンメルらに引き継がれてゆく。

クリーク

クリーク（Ernst Krieck, 1882～1947）は、学校教師を経て、フランクフルト・アム・マインの教育大学教授となり、さらにハイデルベルク大学長となったドイツの教育哲学者である。

純粋教育科学の創設に尽力した彼は、広い視野から無意図的な教育を重視するべきだと考え、さらに教育は社会の根本的な機能であるとして、たんなる教育技術学の枠を超えた教育科学の樹立を目指した。主著に、**『教育科学綱要』**（1933年）がある。また彼の教育史研究は、類型史的であることに特色があり、比較教育学研究への貢献は、『人間形成、比較教育科学の根本特徴』の著作に

第8章　19世紀の教育

よるものである。

4　スペンサーの功利主義

　イギリスのダービーに生まれた**スペンサー**（Herbert Spencer, 1820～1903）は，ダーウィンの進化論を諸科学に適応させ，功利主義の立場から社会を一つの有機体と捉え，後に社会進化論を説く。主著の『**教育論──知育・徳育・体育**』（1861年）では，個人の完全な生活に有用な実学的知識を重視した。スペンサーの教育論には，進化論的功利主義がみられ，ルソー的な自然主義的教育思想がうかがわれる。日本では1880（明治13）年に，尺振八の訳で，『斯氏教育論』が出版され，当時，広く知られた。

5　ロシアの教育思想

　ロシアにおいては，第一次世界大戦（1914～1918年）の終わり頃の1917年に革命が勃発し，その結果，世界初の社会主義国家が誕生した。この時期には多くの混乱とともに，新たな社会を形成することを試みた教育思想が生まれ出た。

ウシンスキー
　ロシアの教育家**ウシンスキー**（Konstantin Dmitrievich Ushinskij, 1824～1870）は，「19世紀ロシア近代教育の父」と呼ばれている。彼は義務教育の実施や師範教育の充実などを主張した。また公教育は国民自身の手によって作り出される「国民のための教育」でなければならないと考えた。国民教育における官僚主義を批判し，真の国民的な教師による国民のための教育を実現する必要性を鋭く主張した。
　彼は，労働のみが人間的価値の源泉となり，また人間の道徳や幸せの源泉となると考えて，肉体労働や精神労働が人間の発達にとってどれほど重要なものかを明確に示した。

69

第Ⅰ部　西洋の教育制度と教育の歴史

クルプスカヤ

クルプスカヤ（Nadezhda Konstantinovna Krupskaja, 1869～1939）は，ソビエト共産党創始者の一人であり，**レーニン**（Vladimir Ilich Lenin, 1870～1924）の妻である。彼女はまたソ連共産党の活動家であり教育家でもあった。1915年，最初のマルクス主義教育史『**国民教育と民主主義**』は夫レーニンとの共著として刊行した。さらに国家学術会議の教育課程（グース・プログラム）の作成の指導にあたったり，少年団（ピオネール）などの校外生徒組織を創設した。ピオネールとは，旧ソ連の児童を対象とした共産主義組織で，この指導には10～15歳のコムソモールと呼ばれた青年の共産主義組織が担当した。

マカレンコ

旧ソビエトの代表的教育家で作家の**マカレンコ**（Anton Semenovich Makarenko, 1889～1939）は，未青年法律違反者のためのゴーリキー労働コローニヤなどを組織した。すさんだ少年たちを，ソビエト社会主義社会のりっぱな市民に作り変えようと努力した。子どもの集団の形成を重視する集団主義教育や，愛と規律の家庭教育を主張した。主著には，『**教育詩**』『**「塔」の上の旗**』『**愛と規律の家庭教育**』等がある。彼はソビエトで初めての写真機生産工場，電気ドリル工場を生徒の労働によって経営する等の働きを担った。青少年の集団的教育と生産労働とを結びつける社会主義的教育を実践した。

参考文献

Reble, A. (Hrsg.), *Geschichte der Pädagogik*, Ernst Klett Verlag Stuttgart, 20. Auflage, 2002（レーブレ，A., 広岡義之ほか訳『教育学の歴史』青土社，2015年）.

長田新監修『西洋教育史』御茶の水書房，1981年。

小澤周三ほか『教育思想史』有斐閣，1997年。

教師養成研究会編『近代教育史』学芸図書，1999年。

皇至道『西洋教育通史』玉川大学出版部，1981年。

林正登『教室に生きる教育思想史』北大路書房，1987年。

広岡義之編『教職をめざす人のための教育用語・法規』ミネルヴァ書房，2012年。

ボルノー，O. F., 浜田正秀訳『哲学的教育学入門』玉川大学出版部，1988年。

山﨑英則・德本達夫編著『西洋の教育の歴史と思想』（MINERVA 教職講座 3），ミネルヴァ書房，2001年。

第9章
20世紀の教育

　19世紀末から20世紀初頭に，子どもを中心とする**進歩主義**，いわゆる**プログ**
レッシヴィズム（progressivism）の教育思想や実践が広範囲にわたって展開さ
れた。そしてその動きが世界的な規模になり，やがて「新教育」（the new edu-
cation）運動へと連動してゆくこととなる。

　従来の伝統的な教育方法を「知識注入主義」あるいは「軍隊式訓練」などと
して批判的に「旧教育」と呼称した。それに反対する立場として，子どもの自
主性や興味・関心を重視し，一人ひとりの個性を尊重する路線を「新教育」と
呼称した。近世以来のコメニウス，ルソー，ペスタロッチらの思想に見出せる
「子どもの尊重」という観点で，個々の「新教育運動」は共通する人間観を有
している。以下，「新教育」運動を個別にみていくことにする。

　イギリスではレディ（Cecil Reddie, 1858～1932），フランスではドモラン
（Edmond Demolins, 1852～1907），ドイツではリーツ（Hermann Lietz, 1868～1919），
アメリカではデューイといった教育学者がそれぞれ旧教育を批判し，新教育の
理論と実践を展開していった。

1　新教育運動

　近世以来，欠陥をもった非人間的な教育に対抗して，子どもの個性や自発性，
自由な創造，身体活動や作業を重視する革新的な教育思想や教育実践が行われ
てきた。コメニウスやルソー，ペスタロッチ，フレーベルなどはこの系統に沿
って教育の発展に偉大な業績を残した。19世紀から20世紀の初頭，こうした児
童を中心とする教育実践が世界的な規模の新教育運動として各国を風靡するよ

うになる。

田園教育舎系の新教育運動

19世紀後半，ヨーロッパ列強は産業革命を成功させ，帝国主義や海外進出の段階に入った。この時期における子ども本位の思想が展開され，新しい時代の要請にこたえる教育の改革の一つが**田園教育舎**系の新教育運動であった。

田園教育舎とは，19世紀後半から20世紀初頭にかけてヨーロッパに起こった中等学校教育改革運動の一つで，田園に教育舎を建て家族的生活による教育を重視した点で以下の複数の学校は共通する。**レディのアボツホルム**（1889年），また**ドモランのロッシュの学校**（1899年）等が有名である。

たとえばレディはイギリスの新教育運動の中心人物の一人で，アボツホルムに新しい形態と理念をもった学校を設立した。従来のグラマー・スクールなどで実践されていた文法・古典語中心の教育を廃止して，郊外の小人数制の活動的な人物育成を主眼として開校された。田園に学舎を建設し，労働・スポーツ・芸術等を重視して，家族的生活による教育を目指した。ほかに，アボツホルムから分かれた，**バドリーのビデールズ校**（1892年），やドイツの**ヴィネケン**らの**ヴィッケルスドルフ自由共同体**（1906年），さらには**ゲヘープのオーデンヴァルト校**（1910年）等がある。

イギリスの教育家である**ニイル**（Alexander Sutherland Neill, 1883～1973）は，フロイトの精神分析を基盤に，徹底した自由と自治の教育実践をするために，世界で一番自由な学校といわれている**サマーヒル学園**（1927年）を創設した。主著に『問題の子ども』（1926年），『問題の親』（1932年）など「問題」シリーズがある。

シュタイナー

エレン・ケイの「児童の世紀」というスローガンもこの時代の新教育運動の象徴であった。実践例については，ここまで紹介してきたように，英国のレディのアボツホルムの学校，フランスのドモランのロッシュの学校，ドイツの田

第Ⅰ部　西洋の教育制度と教育の歴史

図9-1　ミュンヘンのシュタイナー学校
出所：筆者撮影。

園家塾など枚挙にいとまがない。そこで私たちは**ルドルフ・シュタイナー**（Rudolf Steiner, 1861〜1925）によって、1919年ドイツのシュトットガルトで開始された、きわめて独創的な「自由ヴァルドルフ学校」を新教育運動の一つとして任意に取り上げてみる。

　人間が他者からの指示で行動するのではなく、自己を管理し、自分は何ができるのかを自覚できる存在に到達できるような教育を、独自の人間観に根ざし生活共同体学校で進めていったのが、ドイツの神秘思想家で個性的な私立学校を世界中に普及させたシュタイナーであった。テストや通信簿にも点数がつかず、授業や教科書もまったく使わない学校、これがシュタイナーの提唱した自由ヴァルドルフ学校である。たとえば、高校卒業から大学に入るあたりまでに達成したい教育目標を、「子どもが、自分で自分をしっかり捉え、一番深い内部の欲求から、自覚的に行動すること」と設定している。

　シュタイナーは彼の学校で、「自由を獲得した人間」を育成しようと試みてきた。ここでの自由とは、「自由放任」ではなく、およそ21歳前後で成人して、世の中へでていくとき、外の権威に頼ったり、世の中の趨勢に左右されたりしないで、自分自身の内部で考え、しかもその考えたことを実行できるという行

74

為まで伴う，そういう状態を「自由」と定義し，生徒たちに真の自己実現を可能にするカリキュラムを構成した。

アメリカの新教育運動

ドイツに留学した**パーカー**（Francis Wayland Parker, 1837～1902）は，ペスタロッチ，フレーベル，ヘルバルトの教育思想を独自に統合し，**進歩主義教育運動の父**と呼ばれた。パーカーは，帰国後，『**中心統合理論**』を1894年に出版した。各教科を**地理科**に統合し，周辺に読み方，算術，歴史，自然などを配置するという，中心統合の理論で有名な**クインシー運動**を始めた。彼はマサチューセッツ州クインシーの教育長およびイリノイ州クック郡の師範学校長として活躍し，デューイに強い影響を与えた。パーカーはさらにシカゴ大学初代教育学部長を歴任した。

デューイ，キルパトリックらを中心に，1919年には進歩主義教育協会（PEA）が発足した。児童中心主義を信奉する学校教師の全国組織として約半世紀にわたりアメリカの教育改革運動の主流を占めたが，1955年にその役割を終えて解散した。

2　デューイの教育思想

デューイ（John Dewey, 1859～1952）は，ジェームスのプラグマティズム（道具主義・実験主義）の影響を受けた哲学者・教育学者である。彼の学習方法は「問題解決学習」と呼ばれ，アメリカの進歩主義教育運動の指導的立場につき，戦後日本の教育へも多大な影響を与えた。彼はシカゴ大学に教育学科を新設し，また1896年にパーカーらの協力を得て，一つの実験学校を設立した。

デューイは「**為すことによって学ぶ**」（learning by

図9-2　デューイ

第Ⅰ部　西洋の教育制度と教育の歴史

doing) という経験主義を主張した。主著に『学校と社会』（1899年），『民主主義
と教育』（1915年）などがある。デューイの思想の根底には，アメリカ民主主義
の原理が厳然と存在する。その特徴は主として次の2点である。

① 経験の再構成

　デューイによれば，人間の成長は経験をたえず再構成していくことである。
経験とは，人間の活動と環境の間の相互作用から形成され，したがって教育と
は「その後の経験を成長させるように経験を再構成すること」にほかならない。

② 民主主義の教育

　デューイによれば，すべての成員が等しい条件でその社会の福祉に関与でき
るように条件が整備され，その制度を柔軟に調整できる社会が，より民主的な
社会といえる。民主的な社会では，人々が社会の関係に自ら関心をもち，混乱
を引き起こすことなく社会の変化をもたらすことができる習慣を身につける教
育を必要とする。

3　アメリカ新教育の展開

　アメリカでの新教育運動は，1914年から1918年の第一次世界大戦以後におい
て，民主主義が隆盛になるなかで並行して活発になってきた。

キルパトリックのプロジェクト・メソッド

　新教育運動の推進者でデューイ教育学の継承者でもあるキルパトリック
（William Heard Kilpatrick, 1871〜1965）が，「生活即教育」の方法論を展開しプロ
ジェクト法として理論化した。プロジェクト法とは，デューイの「為すことに
よって学ぶ」という学習原理を具現化したものであり，生徒が自主的に学習に
取り組み，責任をもって仕事をするという学習法を重視するものである。プロ
ジェクトとは「社会的環境のなかで行われる，全精神を打ち込んだ目的ある活
動」，すなわち社会生活における具体的な問題解決のための自己活動を意味す
る。その順序は，問題の設定，計画の立案，計画の実施，最後に評価である。

第❾章　20世紀の教育

ウォシュバーンのウィネトカ・プラン

　ウィネトカ・プランを組織した**ウォシュバーン**（Carlton Wolsey Washburne, 1889～1968）は，進歩主義教育運動の中心的指導者であった。1919年から1943年までイリノイ州ウィネトカ市の教育長を務め，**ウィネトカ・プラン**を考案した。ウィネトカ・プランでは，たとえば，学習進度の個別化を図ったり，創造的活動を重視した。また教育課程を，基礎教科（数学，国語等）と集団的・創造的活動（音楽，体育等）に区分した。カリキュラムは読み・書き・計算といった共通基本の内容について個別学習を実施するコモン・エッセンシャルズと呼ばれる教授法を柱にしたものと，クラスを単位として，集団精神，独創性などを培う集団的創造活動からなる。

ヴァージニア・プラン

　ヴァージニア・プラン（Virginia Plan）は，1934年にアメリカのヴァージニア州教育委員会が作成したカリキュラムで，経験カリキュラムの代表的なものである。社会生活の問題を核としたコア・カリキュラムとしても編成されている。またヴァージニア・プランは，第二次世界大戦後の日本の社会科の新設に際して，大きな影響を及ぼした。

カリフォルニア・プラン

　カリフォルニア・プラン（California Plan）とは，アメリカで1930年代に提唱されたコア・カリキュラムに基づく問題解決学習を中心としたカリフォルニア州独自の教育プランである。ヴァージニア・プランとともにアメリカにおける教育課程改造運動の代表的なものといえよう。

パーカストのドルトン・プラン

　ドルトン・プラン（Dalton Plan）とは，1920年にアメリカのマサチューセッツ州ドルトン町の高等学校において，**ヘレン・パーカスト**（Helen Parkhurst, 1887～1973）女史により提案された個別学習法である。当時の進歩主義教育観

に立ち，教科を主要教科と副次教科に分けた。主要教科において生徒と教師とが契約という形態をとり，教師は生徒の自学の個別指導にあたった。副次教科においては午後に実施され，これは学年別の学級単位の授業となる。日本においても戦前，しばらくは成城学園等で実践された。

4　諸国の新教育

エレン・ケイ

スウェーデンの婦人思想家である**エレン・ケイ**（Ellen Key, 1849～1926）は，1900年に『児童の世紀』を著した。「児童から」のスローガンのもと20世紀新教育運動のさきがけとなり，ルソーの「消極教育」を徹底させた。ケイの「**教育の秘訣は教育しないことにある**」は有名な言葉である。

ケイは，学校教育についても革新的な意見をもっていた。たとえば，学級での授業を廃止し，教科書を使用せず，図書館を十分に利用して，子どもたちの能力を伸ばすべきだと主張する。また試験も一切廃止するべきという新教育思想を提示した。

またケイは，幸福な子どもこそが理想的な人間になることができるという前提で，教育学を構築した。そのためには，自由で幸福な家庭，自然な教育を実践する学校，女性が解放される社会が建設されなければならないと考えた。

モンテッソリ

医学と心理学をローマ大学で学んだイタリアの教育者，**モンテッソリ**（Maria Montessori 1870～1952）は，イタールやセガンなどの影響を受け，知的障害をもつ子どもたちの教育において業績を残した。1907年にローマにある保育施設に迎えられ，これを「子どもの家」と名づけ，3歳から6歳までの教育を5年間実践した。また幼児教育の分野においてはさまざまな教具を用いて感覚運動能力や知的能力をつけるモンテッソリ法は著名で，各国の幼児教育現場で実践されている。モンテッソリは，主著『モンテッソリ法』を1909年に刊行してい

る。これは広く世界各国で翻訳され普及した。子どもの知能は，感覚的経験や知覚を基礎にして発達すると考えた。

ドクロリ

ベルギーの医学者・心理学者・教育学者である**ドクロリ**（Jean-Ovide Decroly, 1871～1932）は，1907年ブリュッセル郊外に健常児を対象とする**生活による生活のための学校**を設立し，そこでドクロリ法を開発し自ら実践した。同時代のモンテッソリとともに，新教育運動の先駆者として位置づけられているだけでなく，障害児についての臨床医学的研究の実験的な教育に取り組み，知的障害児を対象とする生活主義的教育法を提唱した。

5 本質主義の反論

エッセンシャリスト宣言

エッセンシャリズム（Essentialism）とは，1930年から50年代にアメリカにおいて提唱された教育運動で**「本質主義」**と訳される。そこでは子どもに対して規律や訓練等が重視される。教育内容において読み・書き・計算・歴史等の基本的な知識を中心に教授する立場をとり，**プログレッシヴィズム**（進歩主義）と対比される。プログレッシヴィズムとは，デューイやキルパトリックらを中心に発足した児童中心主義を信奉する教育的思想であり，半世紀にわたり，アメリカの教育改革運動の主流を占めたが，1955年頃には衰微していき，エッセンシャリズムに主導権を明け渡すこととなる。

アメリカにおいて，バグリー（William Chandler Bagley, 1874～1946）を中心に設立されたエッセンシャリスト委員会は，進歩主義教育が学力低下や犯罪の増加を招くと非難して，1938年に進歩主義教育運動に対抗する宣言を発表した。

参考文献

Reble, A. (Hrsg.), *Geschichte der Pädagogik*, Ernst Klett Verlag, Stuttgart, 20. Au-

第Ⅰ部　西洋の教育制度と教育の歴史

flage, 2002（レーブレ，A.，広岡義之ほか訳『教育学の歴史』青土社，2015年）．

新井郁男・二宮皓編著『比較教育制度論』財務省印刷局／放送大学教育振興会，2003年。

伊津野朋弘編『教育の制度と経営』学芸図書，2003年。

長田新監修『西洋教育史』御茶の水書房，1981年。

小澤周三ほか『教育思想史』有斐閣，1997年。

教師養成研究会編『近代教育史』学芸図書，1999年。

子安美知子『シュタイナー教育を考える』朝日新聞社，1978年。

皇至道『西洋教育通史』玉川大学出版部，1981年。

武安宥・長尾和英編著『教育のプシュケーとビオス』福村出版，2001年。

広岡義之編『教職をめざす人のための教育用語・法規』ミネルヴァ書房，2012年。

ボルノー，O. F.，浜田正秀訳『哲学的教育学入門』玉川大学出版部，1988年。

森秀夫『教育史』学芸図書，2005年。

山﨑英則・德本達夫編著『西洋の教育の歴史と思想』（MINERVA 教職講座３），ミネルヴァ書房，2001年。

第10章
世界の教育制度の改革と動向

19世紀に入り，資本主義体制を強化したヨーロッパ諸国は，19世紀後半には帝国主義的段階にまで進んでいった。国際的軋轢を経て，第一次世界大戦が勃発，その後，社会内部の矛盾が諸国家間で顕在化してきた。そして20世紀に入り，ヨーロッパ諸国では，民主主義の理念に基づく新しい学校体制を整える傾向が顕著になってきた。そうした背景には，労働者階級の成長，保守と革新の対立，民主的努力の発展という事態が影響しているものと考えられる。このような社会の動きは，当然のことながら，各国において教育制度の変革や教育内容の再編成の流れを産み出していった。

1　教育の民主化

ドイツの改革

ドイツでは，はやくから複線型の学校体系が形成されており，特権階級の子どもたちは，フォアシューレ（Vorschule）で3年間の初等教育を受けた後，中等学校であるギムナジウムで9年間，学ぶこととされていた。

ギムナジウム（Gymnasium）とは，旧西ドイツにおける中等教育機関の一つで，主に大学進学を目的とした学校である。近年においてはギムナジウム以外の中等学校からも大学入学の道が開け（総合制中学校，夜間ギムナジウム，コレージュなど）必ずしも唯一の大学進学機関とは呼べないようになったが，まだまだ**アビトゥア**（Abitur）取得の中心的な場である。アビトゥアとは，ドイツにおける大学入学資格であり，ギムナジウムの卒業資格でもある。

一方，大衆の子どもたちである9割の者は，**フォルクスシューレ**（Volkss-

図10−1 学校体系の類型
出所：森（2005, 81ページ）。

chule) で9年間の教育を受けることになっていた。ドイツの初等教育は4年間のグルントシューレ（基礎学校）とその上の5年間の高等科からなっていたが、これらをあわせた学校をフォルクスシューレと呼んでいる。

　第二次世界大戦後、さらに教育改革が進められ、1959年の**ラーメン・プラン**（Rahmen Plan）を大綱として、ほとんどの者が、共通のグルント・シューレに就学するようになった。ラーメン・プランとは、1959年に決議された連邦レベルにおける大綱案で各州の文相により協議され、分岐型学校制度の継続を提唱し、翌年の**ブレーメン・プラン**（Bremen Plan）と対比される。ちなみにラーメンとは大綱、枠の意味である。

フランスの改革

　フランスにおける1975年の教育基本法の通称を**アビ改革**といい、この改革により前期中等教育機関がすべて**コレージュ**に統一された。アビ改革によって、従来のフランスの複線型中等教育が、単線型に改められ、教育の民主化が急速に進められた。

　コレージュとはフランスの中等教育機関を指すが、元来は大学準備教育を主としたエリート養成の中等教育機関の総称であった。現在は1959年の**ベルトワン改革**以来、小学校を卒業すると全員が中等教育第一段階のコレージュに入学

し，2年間の観察期間を終えたのちに高等教育準備機関たる普通リセ，あるいは大学進学を考えない職業教育リセ等のコースに分けられる。

リセ（Lycce）は，フランスの後期中等教育機関の名称で三年制が基本であるが，職業リセは二年制である。三年制リセは大学入学資格試験バカロレア（Baccalaureat）に合格することを基本目的とする。従来は七年制の大学受検準備機関を指した。バカロレアはフランスにおける国立総合大学入学とリセの修了を認定する国家試験のことである。

1975年の教育基本法にさかのぼる改革として，**ランジュバン・ワロン改革案**（Langevin-Wallon Plan）がある。これは，1947年，フランスにおける教育改革案で委員長ランジュバンの名にちなんで呼称され，ランジュバンが1946年に死去したためワロン委員長が引き継いだ。義務教育年限の延長等，戦後のフランスの教育の方向を示し，その理念は1959年のベルトワン改革等において実施されていった。

ベルトワン改革は，フランスの文部大臣ベルトワン（J. M. Berthoin）により1959年に実施された教育改革である。1947年のランジュバン・ワロン改革案を下敷きにしながら義務教育年限の延長（満6〜14歳を2年延長し16歳までとする）観察課程の導入等を提案した。

イギリスの改革

イギリス教育院総裁フィッシャーにちなんでつけられた1918年の教育法を**フィッシャー法**（Fisher Act）と呼称する。その特徴として14歳までの全日制義務教育化，公立小学校の授業料の無償制確立等が挙げられる。

その後，「すべての者に中等教育を」をスローガンに掲げて，**バトラー法**（Butler Education Act）が制定された。これは，イギリスの教育院長官バトラーが1944年に制定したもので，第二次世界大戦後のイギリスの教育制度の基本的骨子を規定した。基本理念は教育の機会均等で義務教育期限の延長も提言している。この提言により初等段階での複線形学校体系が解消されたものの，その後，**11歳試験**（イレブン・プラス試験：Eleven Plus Exam）が導入された。11歳試

第Ⅰ部　西洋の教育制度と教育の歴史

図10-2　イートン校

出所：筆者撮影。

験とは，英国の教育制度でバトラー法制定以降，初等教育修了者に実施される試験で，この試験の結果によって子どもたちは3種類（グラマー・スクール，テクニカル・スクール，モダン・スクール）の学校に振り分けられた。

　現在はこの試験が廃止されているところが多くそのまま総合制中等学校（コンプリヘンシブ・スクール）に進学する。**コンプリヘンシブ・スクール**（Comprehensive School）とは，イギリスにおける労働党が提唱した，すべての生徒が中等教育機関に進学できる機会を保障する受皿として用意された学校で，多種多様な生徒の教育ニーズに応える学校でもある。11歳試験の反省にたち，1965年以降，徐々に実施され今日では90%近くが総合制中学校に在籍している。

　なお，上記の学校体系とは別に，**パブリック・スクール**（Public School）と呼ばれる伝統的な中等学校が存在する。これは，イギリスにおける全寮制の大学進学のための準備教育を前提とした富裕階級のための私立の中等教育機関を指す。代表校としてイートン校，ウエストミンスター校，ラグビー校等がある。たとえば，イートン校は，1440年創立のイギリスの名門パブリックスクールで，オックスフォード大学やケンブリッジ大学への進学率がきわめて高い。

第**10**章 世界の教育制度の改革と動向

アメリカの動向

国防教育法（National Defense Education Acts：NEDA）は，アメリカにおける連邦レベルでの科学教育振興を目的とした法令で，1957年にソビエト連邦が打ち上げた人工衛星スプートニク号に刺激され（スプートニク・ショック）制定された。

コナント報告とは，アメリカの指導的な教育学者コナント（James Bryant Conant）による総合制ハイスクールに関する報告であり，提言書のことである。能力主義を提唱し，スプートニク・ショックを前提としたものでもある。

コミュニティ・スクール（Community School）とは，「地域社会学校」ともいわれ，地域住民に開かれた地域の学校を意味し，既存の学校という枠を越えて住民・児童のそれぞれの教育的ニーズに対応できるような学校を理念とする。**オルセン**（Edward Gustave Olsen）によって提唱され，アメリカにおいて発展し，現在においても各地域の学校においてはその基本理念は継承されている。

1966年，アメリカの社会学者コールマンを中心によってなされた教育の機会均等に関する報告を，**コールマン報告**と呼称する。これは白人の通学する学校と社会的に弱い立場にあるマイノリティの集団とを比較した場合，学業成績面の差異が何に起因しているのかを考察したレポートである。結果的には学校の教育的資源の差異というよりも家庭の質に原因があるという結論が導かれた。

シルバーマン（Charles E. Silverman, 1925〜2011）は，1970年『**教室の危機**』を著し，当時のアメリカの管理主義中心の学校教育のあり方を批判し，児童中心のオープン・エデュケーションを提唱し今後の学校についての方向を提示した。

バタビア・プラン（Batavia Plan）とは，1970年代ニューヨーク州バタビア市で実施されたもので，正教師が一斉授業するなか補助教師が学習進度の遅い子どもたちを指導する方法である。

バウチャー・プラン（Voucher Plan）とは，アメリカにおいて1970年前後から各地で実践された学校改善のための一制度である。親が自主的に学校を選択する制度で，学校に競争と市場原理の導入を図ることを目的とした。バウチャーとは保障，請け負い，証票等の意味がある。

85

第Ⅰ部　西洋の教育制度と教育の歴史

2　教育の国際化

国際教育機関

　国際社会の発達によって，国際政治機構の扱う教育問題は世界全体にわたることになる。第一次世界大戦後，1920年に設立された国際連盟（League of Nations）は国際的な人権保障に取り組み始め，その宣言のなかで教育に関する権利を承認した。第二次世界大戦を経て，1945年に国際連合（United Nations）が設立され，教育と国際平和が深く結合した。経済社会理事会の専門機関として，教育科学文化機関すなわち**ユネスコ**（UNESCO：United Nations of Educational, Scientific and Cultural Organization）が設けられた。

ユネスコ憲章

　1945年に採択されたユネスコ憲章は，その前文において「戦争は人の心の中で生まれるものであるから人の心の中に平和のとりでを築かなければならない」と述べている。

宣言および条約

　児童権利宣言は1959年，国際連合で採択された。同宣言は1989年に「児童の権利に関する条約」として結実し，そこでは18歳未満の子どもの権利を詳細にわたって提示している。

3　技術革新への対応

教育の現代化

　アメリカ合衆国で1959年マサチューセッツ州にある**ウッズ・ホール**に三十数名の科学者，教育学者が集合し，初等・中等学校における科学教育の改善について討議が行われた。その討議の成果は議長を務めたアメリカの認知心理学者

で思考過程の研究や発見学習などで著名な**ブルーナー**（Jerome Seymour Bruner, 1915～2016）によって，『**教育の過程**』（1960年）としてまとめられた。そこでの核になる考え方が，**発見学習**（Discovery Method）と呼称されるものである。これは，学習者自らの内発的動機により，問題を解決する能力や学習の仕方等を発見することを主眼においた教授法であり，ブルーナー等によって提唱された。そのなかで，アメリカの進歩主義的教育が知的生産性において非能率的であることを指摘しつつ，新たなカリキュラムを提案するものであり，「教育の現代化」に大きく貢献した。

4　現代教育への提唱

脱 学 校 論

脱学校論（Deschooling）とは，1970年に**イリッチ**（Ivan Illich, 1926～2002）の『**脱学校の社会**』で主張された学校解体論で，それ以前にも脱学校論は論ぜられていたがイリッチ以降，注目されるようになる。もちろんすべての学校を否定しているのではなく，強制的で操作的な学校管理を批判し，自由な雰囲気のある懇親的な学校を企図している。とくにイリッチは，ニューヨークのラテンアメリカ系住民の直面する教育・福祉問題から現代学校制度のもつさまざまな問題を指摘し，新しい学校論の展開を提唱している。主著には『脱学校の社会』のほか『**オルターナティヴズ**』などがある。

生 涯 教 育

ラングラン（Paul Langrand, 1910～2003）は1965年，ユネスコの成人教育推進会議において生涯教育の理念を提案した人物として有名である。彼の考える**生涯学習**（Lifelong Learning）とは，学習機会を全生涯にわたり保障するというもので，「生涯教育」を行政主体のものと理解するならば「生涯学習」は文字どおりの学習者が主体となれるような学習機会の場を提供し，社会のニーズに対応できるような学習社会を築くものであるといえよう。

第Ⅰ部　西洋の教育制度と教育の歴史

実存哲学と教育

実存主義とは，人間が歴史的にも社会的にもけっして手段になりえず，取り替えのきかない主体的存在であることを強調する考え方である。したがって人間は集団のなかに解消することはできず，共通性で割り切ることを許されない存在であるとする。教育学においては現代を代表する世界的な教育学者ボルノーが『**実存哲学と教育学**』（1959年）のなかで**出会い**の重要性を指摘した。

実存主義は，人間の主体的な決断の回復を主張し，そのあり方を埋没させていた「理想主義哲学」を批判した。主としてボルノーが第二次世界大戦後，実存哲学と教育学の関わりを問題提起し，その成果として従来の**連続的教育形式**の伝統的教育学と区別されるべき**非連続的教育形式**という新しい実存的地平が開かれ，「覚醒」や「教育的危機」「出会い」などの教育的現象の重要性が初めて指摘された。

第二次世界大戦後，「連続的成長」という理想的人間像に実存哲学から疑問が出された。人間の実存的把握からすると，非連続的な教育事象，たとえば「出会い」とか「覚醒」という事象の教育的意義の深さを認識することのほうが重要であるというのである。人間の生の現実を直視すれば，「覚醒」や「挫折」のような非連続的事象を通して人間は真に成長していると理解される。こうした変化こそが人間の成長にとって重要であるとボルノーは考えた。そこから，従来の教育学では注目されなかった「危機」「覚醒」「呼びかけ」「出会い」「挫折」「訓戒」などの教育的事象を解釈学的，現象学的に分析した。

たとえば，「出会い」について，教育者は出会いを作ることはできず，出会いの準備をなしえるだけである。しかし実存的出会いが生起したときには，教師は生徒の実存に起こっていることを支え，助け，育てなければならない。「危機」についても人はそもそも幾多の危機を乗り越えて初めて成長していくわけであるから「危機」を避けるべきではない。病気の過程では「危機」と名づけられる発作的な症状が現れる。この「危機」を境として，急に回復したり，また病の進行速度がにぶったり，また逆に死を迎えることもある。患者の側からこの「危機」を考えると，この現象は突然，「衝撃的」「非連続的」に現れ，

患者はその経過後にこれまでとまったく違った「新しい気分」にひたされる。これと同様の特徴をもつ現象は生の他の領域にも見出され，そこにボルノーは人間の生の「非連続性」をみてとった。

これを教育行為の「訓戒」に移行して「非連続的形式」とし

図10-3　ボルノー夫妻
出所：筆者撮影。

て考えるならば，次のようにいえよう。「訓戒」とは，たとえば母親が息子の行儀の悪さをたしなめたり，教師が授業中にいたずらをしている生徒に注意を与えるなど，日常生活のなかでしばしば行われている行為である。それにもかかわらず，従来の教育学においてはその意味や本質について理論的解明が十分になされてこなかった。なぜなら教師たちは，繰り返し「訓戒」しても生徒たちはふたたび幾度もあやまちを犯すがゆえに，「訓戒」という教育的行為に対して積極的な評価を下してこなかったからである。

しかし「訓戒」が即効性のある行為ではなく，むしろ根気のいる息の長い教育的行為であるという事実は，「訓戒」という教育行為そのものの欠陥ではなく，むしろ「訓戒」そのものに含まれる本質的な特質であるとボルノーは理解した。

振り返って，われわれは，日常生活にあまりにも深く埋没して生きているために，迫り来る「良心」の声に耳を傾けようとしない。つまり非連続的形式である実存的な「訓戒」とは，人間をたえず襲う心の緩みに対して，この怠惰な魂のありさまを突き破り，繰り返し人間の本質に立ち戻るきっかけをつくる「実存的教育行為」そのものであるとボルノーは考えた。

ブーバーの『われとなんじ』

また，独自な動きとしては，イスラエルの有神論的実存哲学者，ブーバー

第Ⅰ部　西洋の教育制度と教育の歴史

(Martin Buber, 1878〜1965) は，主著『われとなんじ』(1923年) において実存的「出会い」の問題を根源的に考察した。近代においてはすべての人間関係が「われ―それ」になりさがり，その克服のために「われ―なんじ」関係の回復を主張した。ブーバーにとって究極の「なんじ」は「永遠のなんじ」であり神である絶対者にほかならなかった。ブーバーのこうした思想は教育学のみならず，20世紀の広範な人文諸科学に多大な影響を与えた。

フランクル

　フランクル (Viktor Emil Frankl, 1905〜1997) は，ウィーン大学の神経学・精神医学の教授で，「ロゴセラピー」(実存分析) という生きる意味を問う精神療法を創設した，現代を代表する思想家であり精神科医である。彼はナチスの強制収容所という過酷な状況に置かれながらも，生き延びて奇跡的に生還することができた。フランクルの手がけた31冊の著書は，日本語等を含めて，24か国語で出版されているが，とくにアメリカで出版された『人間の意味探究』(邦訳題は『夜と霧』) は，ワシントンの国会図書館から「アメリカで最も影響を与えた10冊の本」の一つに挙げられている。

　日本でもフランクルの思想は，医学の分野だけでなく，哲学，教育学，心理学，看護学，福祉学等，幅広く注目され始めている。人間の生きる意味が不明瞭かつ混沌とした現代にあって，フランクルの思想は，先のブーバーの実存思想とあいまって，きわめて高い評価を得ている。第二次世界大戦後，フランクル博士の「生きる意味」の思想は全世界で求められ，彼は著述や多忙な講演等の活動を晩年まで続けた。

アウシュヴィッツ体験を書き綴った『夜と霧』

　1945年，強制収容所から解放されたフランクルは，堰を切ったような猛烈な勢いで著述活動を開始する。まず『医師による魂のケア』(邦訳『愛と死』) の完成に没頭したフランクルは，同年もう一冊，強制収容所についての本をわずか9日間で口述した。それが『夜と霧――ある心理学者の強制収容所体験』

（英語訳『人間の意味探究』）であり，後にアメリカで何百万部と販売されること
になる。そのようになることをまったく予想していなかったフランクルは，も
ともと気兼ねなく自分の考えを述べるために，匿名で出版しようと決めていた
ため，初版のカバーにはフランクルの名前すら載っていない。

　『夜と霧』がこれほど読まれている理由の一つは，それがナチスによる人類
史上空前の大量虐殺についての生きた証言であるという点にあろう。しかしこ
の本の本当の魅力は，強制収容所という「限界状況」のなかでもなお，人間の
尊厳を失うことなく，生きる希望や理想を抱き続けた人間がいたことの生きた
証言になっている点にある。

参考文献

Frankl, V. E., *Ein Psycholog erlebt das Konzentrationslager,* Verlag für Jugend und
　Volk, Wien, 1947（フランクル, V. E., 霜山徳爾訳『フランクル著作集①　夜と霧』
　改訂版第9刷，みすず書房，1976年）.

Reble, A. (Hrsg.), *Geschichte der Pädagogik*, Ernst Klett Verlag, Stuttgart, 20. Au-
　flage, 2002（レーブレ, A., 広岡義之ほか訳『教育学の歴史』青土社，2015年）.

新井郁男・二宮皓編著『比較教育制度論』財務省印刷局／放送大学教育振興会，2003
　年。

伊津野朋弘編『教育の制度と経営』学芸図書，2003年。

長田新監修『西洋教育史』御茶の水書房，1981年。

小澤周三ほか『教育思想史』有斐閣，1997年。

教師養成研究会編『近代教育史』学芸図書，1999年。

皇至道『西洋教育通史』玉川大学出版部，1981年。

武安宥・長尾和英編著『教育のプシュケーとビオス』福村出版，2001年。

広岡義之編『教職をめざす人のための教育用語・法規』ミネルヴァ書房，2012年。

ブーバー, M., 植田重雄訳『我と汝・対話』岩波書店，1985年。

ボルノー, O. F., 峰島旭雄訳『実存哲学と教育学』理想社，1987年。

森秀夫『教育史』学芸図書，2005年。

山﨑英則・徳本達夫編著『西洋の教育の歴史と思想』（MINERVA 教職講座3），ミ
　ネルヴァ書房，2001年。

第11章
現代における世界の教育制度

1 学校体系の変遷について

　西欧諸国では，伝統的な社会階層組織が根強く形成され，上流の支配階層の子女と下流の被支配階層の子女とが，別々の系統の学校で教育を受けるしくみが成立していた。支配者の学校と庶民の学校の間には有機的連絡はなんら存在せず，平行的に並存し，複線型の体系を形成していた。両者間での移動は原則的には承認されていなかった（前掲図10‐1参照）。

　こうした欧州の複線型の学校体系に対して，新興国家であるアメリカ合衆国では，民主主義が隆盛を迎えた19世紀に単線型の学校が形成された。単線型の学校体系とは，社会的身分や経済的地位などに関わりなく，すべての国民の子女が同一の系統に属する学校で平等に教育を受けるしくみである。

　複線型と単線型の中間的な形態として分岐型が存在する。これは学校体系の下位の段階は単一化されているが，それに継続する上位の段階では，複線の学校が並存する状態である。その意味で分岐型は複線型に属するものである。

2 日本の教育制度

　日本の近代教育の始まりは，明治以降のことであり，社会の発展とあいまって急速な発達をすることになる。しかし，太平洋戦争での敗戦により，戦後，抜本的な改革が行われることになった。

　第二次世界大戦前の日本の教育制度は，明治期の変遷を経て1918（大正7）

第11章 現代における世界の教育制度

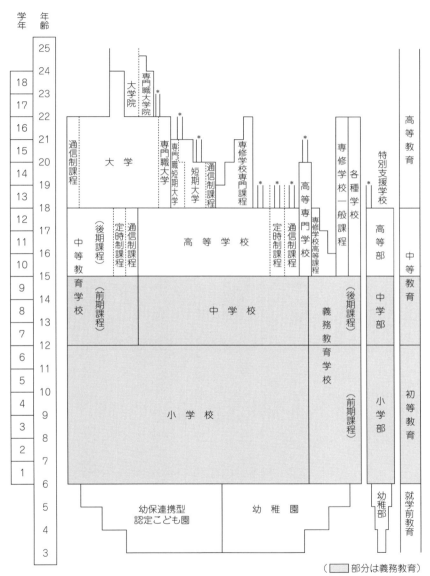

図11-1 日本の学校制度（現在）

出所：文部科学省（2019）。

第Ⅰ部　西洋の教育制度と教育の歴史

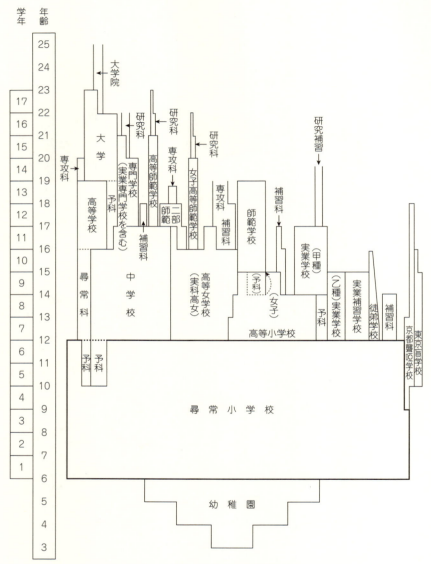

図11-2　日本の学校制度（大正8年）
出所：文部科学省ホームページ。

年の改革でほぼ完成したといえよう。大学については，官立大学しか存在しなかったものの，同年の大学令で私立大学が認められたことにより，従来の私立専門学校が私立大学となった。1941（昭和16）年に，小学校は「皇国ノ道ニ則リテ初等普通教育ヲ施シ国民ノ基礎的錬成ヲ為ス」国民学校へと変化した。この頃，中等教育機関として青年学校があり，小学校修了者は，高等科，中学校，高等女学校，実業学校，あるいは青年学校のいずれかに入学することができた。結果的にほとんどの者が中等教育を受けられるようになっていた。

　第二次世界大戦後の教育制度の概要は，1947（昭和22）年に制定された学校教育法に基づいており，その後，1961（昭和36）年に高等専門学校，1975（昭和50）年に専修学校が制度化されている。また，1998（平成10）年法改正により中高一貫教育制度が導入され，1999（平成11）年度から中等教育学校が創設されている。これらには，単線型体系の学校教育に対して，それを超えた社会的・個人的な要求がある。

3　アメリカ合衆国の学校制度

　1776年に独立を達成したアメリカ合衆国は，19世紀に入って民衆の子どものための**コモン・スクール**運動が活発になってきた。その影響を受けて，マサチューセッツ州において1852年に義務教育のための立法がなされ，南北戦争を経て西部や南部の諸州にも普及していった。そして20世紀初頭からの新教育運動の展開のなかで，初等教育の改善や教育の機会均等の理念に基づいた近代的な「単線型」の学校制度が形成されることとなる。

　今日の教育制度は，州によって異なっているものの，義務教育に関しては，年限としては 8 年から12年の範囲となっており， 9 年制の州が多い。初等中等教育の期間は12年間であり， 6 ・ 3 ・ 3 制， 8 ・ 4 制など州によって学校段階区分が異なっている。

　最近の傾向としては，伝統的な 8 ・ 4 制， 6 ・ 4 制，および 6 ・ 3 ・ 3 制に対する批判として， 5 ・ 3 ・ 4 制または 4 ・ 4 ・ 4 制を採用する学区が急速に

95

第Ⅰ部　西洋の教育制度と教育の歴史

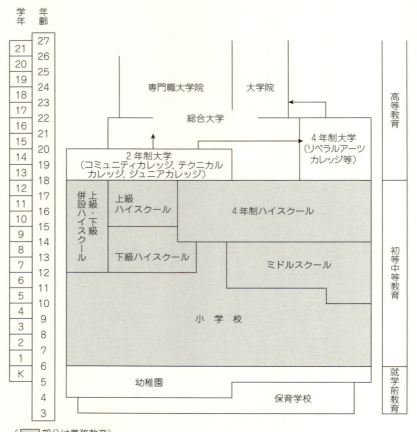

図11-3　アメリカの学校制度

出所：文部科学省（2019）。

増加している。たとえばアメリカ最大の学区をもつニューヨーク市では，1966年度から従来の6・3・3制を，4・4・4制に漸進的に切りかえている。

　なお高等教育機関も，大別すれば，(1)研究志向型の総合大学および専門大学，(2)教養型のリベラル・アーツ・カレッジ，(3)地域大学と呼ばれる主として2年制の短期大学の三つに分類できる。

　戦後アメリカでは，いわゆる**スプートニク・ショック**の影響下で**国家防衛教**

育法（1958 年），公民権法（1964年），初等中等教育法（1965年）などの法律が制定された。各州の教育制度を前提としつつも，あらゆる階層の子どもたちの教育機会を保障しその質の向上を図るために，連邦政府のイニシアチブと援助に期待が寄せられていった。

アメリカ内部には固有の問題点も多く孕んでいる。第一に，南部諸州における黒人問題があり，第二は貧困な州と富裕な州との間の財政的な不均衡である。これらは，憲法上で承認された州政府の自治権と，これに対する連邦政府の関与権の限界に関する問題であり，地方分権の発達したアメリカ教育行政固有の難問である。第三は，教育の民主化と教育の機会均等とが一律な平等の意味に解されている結果，アメリカでの秀才教育を困難なものにしている。

1983年の連邦政府報告書**「危機に立つ国家」**によって，70年代における学力の急激な低下が指摘され，ふたたび教育改革への必要性・緊急性が叫ばれ始めた。具体的には，教員の資質の向上，基礎科目の学習の強化，教育行政当局の責任論（**アカウンタビリティ**）などに関心が寄せられ，今日に至るまでさまざまな改革が試行されている。

1991年4月にはブッシュ大統領が「アメリカ2000」と題する教育改革案を発表し，学校選択の自由，全米統一学力テストの導入など大胆な改革を提示した。これらは1994年に成立した教育法において次々と制度化され始めた。たとえば，理科と数学の国際力比較において世界一を目指すこと等を目標とした教育改革案などがある。また，同年に成立した「学校から職業への移行機会法」において，企業との連携による職業教育の充実，全米的な職業資格の制度化等，若年無職層の解消と労働市場の安定化を目指した新たな施策がとられた。

1997年，再選を果たしたクリントン大統領は教育に最大の力を注ぐことを明言し，「全米共通の教科別学習到達目標」（National Standards）の普及，全学校のインターネット接続の推進等，連邦主導の教育改革は，積極的な展開をみせている。

また，**マグネット・スクール**という，音楽，美術，数学，科学等，特定分野の高度な教育を行う中等学校が設置されるようになってきた。公立の場合でも

第Ⅰ部　西洋の教育制度と教育の歴史

学校ごとに独自の入学基準を設けている。さらに，**コミュニティ・カレッジ**という，入学要件をまったく設けない公立高等教育機関も登場している。1 ないし 2 年制の機関が多く，職業教育を主とするもの，4 年制大学への編入準備教育を行うもの等，多様である。

4　イギリスの学校制度

　一般に「イギリス」あるいは「英国」と呼ばれているが，正式の国名は「グレート・ブリテンおよび北アイルランド連合王国」(The United Kingdom of Great Britain & Northern Ireland) である。連合王国は，イングランド，スコットランド，ウェールズ，北アイルランドから構成される立憲君主制の国である。

　産業革命を世界で初めて成し遂げたイギリスは，19世紀に入り，民衆の教育への要求に応じたボランタリズムによる私立学校（最初は日曜学校が主体）が普及し，そして1870年初等教育法によって，私立学校の地域に公立小学校の設置が義務づけられ，ここにイギリスの近代公教育制度が形成されたのである。

　戦後，「すべての人に中等教育を」のスローガンは，初等教育に接続する学校段階で，生徒の進路や適性等に対応した異なる教育目的を掲げた学校種，すなわち 3 分岐型の中等教育制度を成立させた。具体的には，基礎学校修了後は**グラマー・スクール**（大学への進学資格を得ることができる学校で学問的なカリキュラムを中心とする），**テクニカル・スクール**（応用科学や学術，専門的職業教育を中心とする），**モダン・スクール**（実際の生活に根ざした職業技術や実践的カリキュラムを中心として，直接の大学進学資格は得られない）のいずれかの中等教育機関に進学する形になっている。

　1970年代には，分岐型の中等教育制度に対する反省が起こり，3 種の学校の格差を廃止するための「**総合制学校＝コンプリヘンシブ・スクール**」創設運動がみられた。総合制学校は，「地域のすべての子どもの中等教育を提供する学校」として次第に普及してゆくことになる。ドイツでは，伝統的な 3 分岐型が今も根強く保持されているが，イギリスではこの運動が実を結び，多くの総合

98

第11章　現代における世界の教育制度

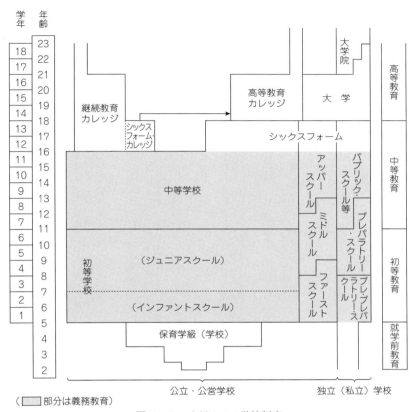

図11-4　イギリスの学校制度

出所：文部科学省（2019）。

制学校が普及している。

　1970年代に入り，義務教育年限の再延長（11年制）が実施されるとともに，中等教育のあり方が大きな議論の的となり，労働党政権下の1976年教育法によって，地方教育当局に公立中等学校の総合制化を強制する策が打ち出されたが，1979年に成立した保守党のサッチャー政権下において，総合制化の規定は廃止されてしまう。

　サッチャー政権は1988年，教育改革法を成立させ，公教育への市場化・民営

99

第Ⅰ部　西洋の教育制度と教育の歴史

化政策を推し進め，さらに義務教育の教育課程に「全国共通カリキュラム」を導入した。またその到達目標に対応した学力テストを全国的に行ったり，地方教育当局の予算・人事の権限を学校理事会に委譲するなどの大幅な改革を進めた。「全国共通カリキュラム」の導入により，全国到達度評価テストも実施されており，7歳時（1991年から），11歳時（1995年から）および14歳時（1993年から）の3種類が毎年行われている。1997年に誕生した新政権でも教育改革が重要課題とされている。

　1997年5月に政権を奪還したブレア労働党政府は，ブレア首相が率先して教育政策を最優先課題とした。自由主義と社会民主主義の統合を目指す「第三の道」政策は，前保守党政府の民営化路線を継承しつつも，新たなパートナーシップによって教育水準の向上に努めるものであった。

　6年間の初等教育は，5～7歳までの幼児学校（infant school）と，7～11歳までの下級学校（junior school）の2段構造になっている。注目すべきは，幼児学校と下級学校の2段構造とは異なる学校区分方式で，これは1965年の教育科学省通達が総合制中等教育を設置する一つの方法として，「中間学校」（middle school）を提案したことである。また1967年の「プラウデン報告書」も，伝統的な11歳での区分にこだわることなく，初等教育と中等教育にまたがる中間学校を勧告したことが契機となり，ファースト・スクールとミドル・スクールが次第に増加してきた。

　中等学校には2種類あり，一つは伝統的な型で，初等教育終了時の11歳選抜試験に基づいて進路を分けられるグラマー，モダン，テクニカルの3分系の学校である。もう一つは，11歳試験がなく，全員が一緒に就学する「総合制学校」である。全体の動向は前者から後者のほうへ大きく移行している。

5　フランスの学校制度

　フランスの近代公教育制度は，1870年に成立した第三共和政下において，とくに1881年の初等学校の無償制（授業料不徴収），1882年の初等教育の義務制

第11章　現代における世界の教育制度

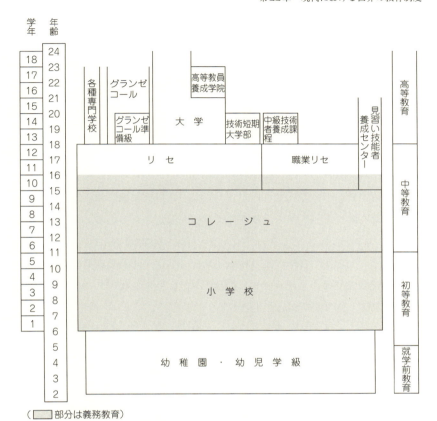

（▨部分は義務教育）

図11-5　フランスの学校制度

出所：文部科学省（2019）。

（6〜13歳）の法律（いわゆるフェリー法）を契機に成立したものである。

　第二次世界大戦後の第四共和政下において，ランジュバン・ワロン改革案およびベルトワン草案が提示されたが法制化されず，1958年の第五共和政においていわゆる**ベルトワン教育改革令**がようやく公布された。これによって義務教育年限の16歳までの延長が図られ1967年以降に実施された。

　中等教育は，とくに1975年の「教育基本法」（通称アビ法）によって，学校体系が小学校（5年），コレージュ（4年），リセ（3年）の3段階に統一化された

101

第Ⅰ部　西洋の教育制度と教育の歴史

のである。従来の各種の前期中等教育機関をすべてコレージュの名の下に統一
し，同一のカリキュラムで学習する制度としたことは画期的なことであった。
コレージュは前半2年を観察課程，後半2年を進路指導課程とする「2－2」
制をとっていたが，1996年度にこれが「1－2－1」制に改革された。新制度で
は，学業不振生徒を減少させる目的で，第1学年が「適応期」，第2・3学年
が「中間期」，第4学年が「進路指導期」と変更された。

　後期中等教育は「リセ」と「職業教育リセ」および「見習い技能者養成セン
ター」に再編成されている。義務教育は16歳までだから，コレージュ終了後，
1年の学習が義務づけられているが，実際はそれ以前に離学する者がいる。後
期中等教育段階になってから進路別の学校種が設定されている。前期中等教育
段階が，「コレージュ」として一本化しているが，2000年度において後期中等
教育段階で，大学進学資格が得られる「リセ」進学が56％，職業教育を中心と
する「職業教育リセ」進学が29％，「見習い技能者養成センター」で訓練を受
ける者が8％，留年が7％と大別される。

　1989年には，ミッテラン政権下において「教育基本法」（ジョスパン法）が制
定され，21世紀フランスの学校づくりが目指された。「児童・生徒を起点にお
いた教育システムの構想」「父母の学校共同体への参加の促進」「教師の任務の
刷新と待遇改善」などの基本方針が打ち出され，従来の中央集権的教育制度を
地方へ，学校へと分権化し，また学校運営も父母や生徒の参加を促進させる改
革が実施された。ジョスパン法の改革路線は，1997年6月の総選挙で，社会党
が圧勝したことを受け，確実な進展をみせて今日に至っている。

6　ドイツの学校制度

　ドイツにおける教育の近代化は，第二帝政下のビスマルクの政策によって促
進された。学校行政の世俗化を図った1872年の「学校監督法」や学校体系の整
備を図った「一般諸規定」がそれである。第一次世界大戦後，成立したワイ
マール共和国の民主主義憲法の下で教育改革が大きく進められたが，その後登

場したナチス政権によって全体主義的・超国家主義的方向に歪められてしまった。第二次世界大戦後，ドイツは，二つのドイツとしてそれぞれ独自の道を歩むこととなった。旧西ドイツは11の州（ラント）から構成される連邦国家で，教育制度も各州によって異なっていた。

　初等教育に接続する学校段階で，生徒の進路や適性等に対応した異なる教育目的を掲げた学校種，すなわち3分岐型の中等教育制度が存在する。具体的には，義務教育年限は9年ないし10年で，基礎学校修了後は**ギムナジウム**（大学への進学資格を得ることができる学校で学問的なカリキュラムを中心とする），**ハウプトシューレ**（「基幹学校」ともいい，応用科学や学術，専門的職業教育を中心とする），**レアルシューレ**（「実科学校」ともいい，実際の生活に根ざした職業技術や実践的カリキュラムを中心として，直接の大学進学資格は得られない）のいずれかの中等教育機関に進学する形になっている。

　1970年代に，分岐型の中等教育制度に対する反省が起こり，3種の学校の格差を廃止するための「総合制学校（ゲザムトシューレ）」創設運動がみられたが，ドイツでは，伝統的な3分岐型が根強く保持されており，「総合制学校」が設定されているのは一部の州や地域に限定されているのが現状である。

　旧西ドイツの学校制度は伝統的な複線型体系となっており，戦後の急速な社会発展を背景に，連邦レベルで教育の機会均等の理念に基づいた学制改革の論議が提起されてきた。

　現在のドイツ政府の権限は高等教育や学術的な研究に限定されており，初等・中等教育について全国統一的な改革の動きは見受けられない。近年，無償制高等教育を廃止しようとする声も生じている。

　ドイツでは，ボン基本法に教育に関する一般原則は規定されているものの，具体的な教育制度の形成は，各州（ラント）の憲法に委ねられている。連邦政府の役割は，教育改革に関する国家的計画の策定，高等教育に関する指導助言，財政援助等に限定されている。ドイツの大学への進学率が年々増加する傾向のなかで，国家財政を圧迫している教育費を削減するために，これまで無償だった大学の授業料を有償化する動きが強まっている。

第Ⅰ部　西洋の教育制度と教育の歴史

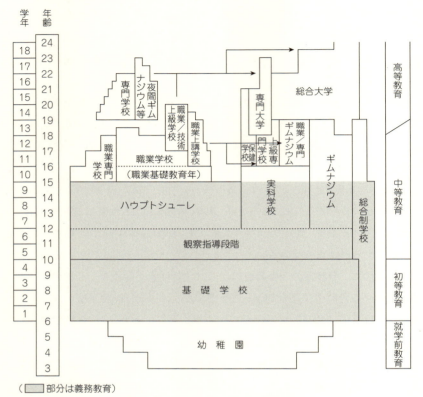

図11-6　ドイツの学校制度

出所：文部科学省（2019）。

　統一後のドイツ（ドイツ連邦共和国）は，16の州（ラント）から構成される連邦制の国家である。1990年10月に東西ドイツは統一されたが，それまでの西ドイツは11州から構成されており，旧東ドイツ地域の5州が加わり，あわせて16州で構成されている。教育については基本的に各州が権限をもっており，連邦の権限は高等教育の一部などに限定されている。各州に文部省が設定され，独自の教育行政を行っている。日本の文部科学省が行っているような教育行政は，各州の文部省が行っている。

　東西ドイツの統合が実現し，東側の教育は西側の教育に合わせる形で急速に

改革が進められることとなった。しかし，小学校入学から大学進学まで13年間を必要とした旧西ドイツと，12年間であった東ドイツの制度統合をめぐっては，大きな齟齬が解消されなかった。他のEU諸国が12年間を標準としていることも背景となり，13年間の教育を1年短縮すべきであるとの強い主張もみられた。しかし1995年，各州の判断に委ねるとの結論にようやく達し，事実上は13年間の教育期間を維持する形で落ち着いた。

　東西ドイツの統一により，新たに加入した旧東ドイツ地域各州は，教育に関して大幅な権限を有することになり，旧西ドイツ地域各州の協力も得ながら，西ドイツ型の教育制度への転換を図り，現在に至っている。

　アビトゥアはいったん取得すると一生使える資格であり，志願者数が定員を上回らない場合には，希望する大学に入学することができることから，すぐに大学には進学せず，職業訓練を受ける者もいる。また男子には兵役義務が課されており，これを済ませてから大学に入学する場合もある。兵役の期間は18か月であったが，1996年に10か月に短縮され，2002年からはさらに9か月と短くなった。大学入学者の平均年齢は2019年で，22.0歳となっている。

7　旧ソ連・ロシアの学校制度

　ソビエト連邦時代の初等中等教育制度の原型は，社会主義革命の翌年，1918年に定められた「統一労働学校令」である。ここでは平等の原理に従って，すべての学校は国公立で，教育は無償であった。教育内容はマルクス・レーニン主義に基づき「労働」を中核として，理論と実践を融合した教育課程により，共産主義社会の建設を担う人材の養成が目指された。

　他方で新生ロシア連邦では，ソ連邦時代には制度化されていなかった私立学校を正規の教育機関として認可した。また学校の種別や教育を受ける形態を多様化して，選択の幅を広げた。

　第二次世界大戦後のソ連の教育は大きく4期に区分された。第1期は，大戦後から1956年の第20回共産党大会までの時期で，大戦からの痛手を回復し再建

第Ⅰ部　西洋の教育制度と教育の歴史

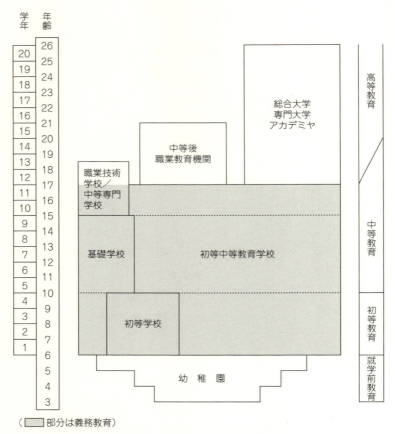

図11-7　ロシアの学校制度
出所：文部科学省（2019）。

を図った時期である。第2期は，1964年のフルシチョフ（Nikita Sergeyevich Khrushchev, 1894〜1971）時代の終わりまでであり，とくに1960年代に入り，労働教育，総合技術教育の導入を中心とした教育改革が積極的に進められた。第3期はブレジネフ（Leonid Il'ich Brezhnev, 1907〜1982）体制の時代である。第2期で急激に進められた改革の再検討が行われた。この第3期は10年制の中等学校が確立されていく時期であるものの，地域間の格差是正や落ちこぼれ対策な

106

第11章　現代における世界の教育制度

表11-1　ロシアの学校制度

普通教育	就学前教育 初等普通教育（４年間：１～４学年） 基礎普通教育（５年間：５～９学年） 中等普通教育（２年間：10～11学年）
専門教育	中等専門教育（いわゆる専門学校教育） 高等教育（いわゆる大学教育）

出所：外務省ホームページをもとに作成。

どの，諸問題が発生した。そして第４期はブレジネフ体制以降であり，とくに1985年のゴルバチョフ（Mikhail Sergeevich Gorbachev, 1931～）の登場によって，彼の強力なリーダーシップのもと，ペレストロイカの視点からの教育改革が実行されたものの，1991年12月のソ連解体により独立国家共同体となり，教育制度も大きく変化した。

旧ソ連地域の中核を占めるロシアでは，経済的基盤整備上の大きな問題を抱えながら，現在「多様化」をキーワードとする急速な教育改革が進行中である。一言でまとめると，強い中央集権的教育行政から，地方分権への移行である。1992年には義務教育が10年から１年間短縮されたり，これまで認められなかった私立学校の設立も認可されている。旧ソ連・ロシアでは，後期中等教育段階になってから進路別の学校種が設定されている。旧ソ連・ロシアでも，成績や本人の希望などにより，職業教育を中心とした中等専門学校などへの分岐が起きる。

外務省の諸外国の学校情報に従えば，ロシアの教育は，大きく普通教育と専門教育に分けられる。義務教育の期間は11年間で，「初等普通教育，基礎普通教育および中等普通教育は，教育の義務課程である」（ロシア連邦における教育に関する連邦法第66条第５項）とされる。

教育の特徴として一例を掲げておこう。2015年のOECD「生徒の学習到達度調査（PISA）」（2016年12月に結果公表）におけるロシアの順位は，読解力26位（前回2012年は42位），数学的リテラシー23位（同34位），科学的リテラシー32位（同37位）となっている。

107

第Ⅰ部　西洋の教育制度と教育の歴史

参考文献

新井郁男・二宮皓編著『比較教育制度論』財務省印刷局／放送大学教育振興会，2003年。

伊津野朋弘編『教育の制度と経営』学芸図書，2003年。

小澤周三ほか『教育思想史』有斐閣，1997年。

外務省ホームページ「国・地域の詳細情報（平成29）年10月更新情報)」https://www.mofa.go.jp/mofaj/toko/world_school/05europe/infoC55200.html（2019年4月20日閲覧)。

教師養成研究会編『近代教育史』学芸図書，1999年。

熊谷一乗『現代教育制度論』学文社，1996年。

佐藤順一編著『現代教育制度』学文社，2004年。

広岡義之編『教職をめざす人のための教育用語・法規』ミネルヴァ書房，2012年。

森秀夫『教育史』学芸図書，2005年。

文部科学省「諸外国の教育統計　平成31（2019）年版」2019年。

文部科学省ホームページ「学制百年史資料編」http://www.mext.go.jp/b_menu/hakusho/html/others/detail/1318188.htm（2019年8月11日閲覧)。

文部科学省ホームページ「ロシア連邦」http://www.mext.go.jp/component/b_menu/other/__icsFiles/afieldfile/2017/10/02/1396864_035.pdf（2019年8月11日閲覧)。

山﨑英則・徳本達夫編著『西洋の教育の歴史と思想』（MINERVA教職講座3)，ミネルヴァ書房，2001年。

第Ⅱ部

日本の教育制度と教育の歴史

第12章
古代・中世の教育

1　大陸文化の摂取

　日本が国家として生成し始めるのは，稲作文化が伝播し，人々が田を耕作し，土地に定着し始めてからである。『古事記』（712年）と『日本書紀』（720年）には国づくりの神話が記されている。これはすでに定着した稲作文化を背景とするものであり，日本人の勤勉さ等の精神形成を決定づけることになる。こうして古代国家が形成されてゆくが，その際，朝鮮や中国から新しい文化が摂取され，文字と仏教の伝来が日本人の精神形成に大きく影響するようになる。遣隋使や遣唐使もまた中国の先進文化を吸収しようとする進取の気性を示したものであり，大化の改新による「律令国家」とは，一種の法治国家であった。

　古代貴族の学校として特筆すべきものは，大宝律令によって成立した大学と国学である。

儒教・仏教の伝来

　『古事記』と『日本書紀』に従えば，約4世紀から6世紀の間の応神天皇のとき，百済から博士，王仁が『論語』10巻と，異なった1000字の漢字を重複せずに四言固詩250句にまとめた千字文1巻をもって渡来した。

　20歳で推古天皇の摂政として古代官僚国家の発展に尽力した聖徳太子（574〜622）は，仏教を篤く信仰し，さらに儒教にも通じていた知識人でもあった。聖徳太子は607年，小野妹子（生没年未詳）らを遣隋使として派遣して大陸文化を積極的に摂取した。聖徳太子は7世紀初めに学問寺である法隆寺を建立した。

111

第Ⅱ部　日本の教育制度と教育の歴史

　当時の法隆寺は，法隆学問寺と呼ばれたようで，仏教研究所的意味合いをもっており，図書館や博物館も兼ねた文化施設であった。聖徳太子はさらに**冠位十二階や十七条の憲法**（604年）などを制定した。とくに十七条憲法は，聖徳太子の手になる日本最古の成文法であるといわれている。当時の豪族官吏に対する政治的・道徳的な訓戒が主な内容で，たとえば，和を尊ぶべきこととか仏教を尊信することなどが示された。

　聖徳太子の主著に，社会倫理の教本で，三経典の注釈書である『**三経義疏**』（611～615年）がある。仏教の導入に貢献したこの『三経義疏』は，わが国に現存する文献の最古のものであり，政治，社会，道徳等の指標を提示した意義深いものといえよう。

「庠序」（学校）

　現存最古の漢詩集『懐風藻』（670～760年）の序文によると，天智天皇の命によって，671年前後に**庠序**（学校）が建てられた。これは後の大学寮にあたる日本最古の官立学校であった。また『日本書記』によれば，同天皇によって，**学識頭**（学校の長官）に百済人の**鬼室集斯**が任じられた。さらに大宝令と養老令によれば，その後，官吏養成のために，官立学校として都（中央）に**大学**が，地方に**国学**が設けられた。8世紀の初めには，大学には，経学・文学・律学・史学の教官・学生が置かれた。

　またわが国の学問は，古代から中世にかけて，**家学**という形で，世襲制をもって伝承された。たとえば，**明経道**の清原氏，**明法道**の中原氏，**文章道**の菅原氏や大江氏などはその代表的な例である。それらの氏の人々は，当時の学校において教師を独占していたため，学問の父から子への継承は，そのまま教師の地位を継承することを意味した。ここに教職を「天職」と考える教育史的根拠が見出される。

大宝律令の学制と教育制度

　奈良時代には，唐の律令制度を模倣した中央集権国家が成立した。『古事記』

や『日本書紀』の完成は，当時の文化の高水準を如実に物語っている。

　701年に完成された**大宝律令**は，長く日本の政治のあり方に影響を与えたが，教育制度についても，都（中央）に大学を一つ，地方には各国一つずつ国学が設けられて，初めて正式の教育制度が確立した。

　大学とは，律令制によって整備された奈良・平安朝の公的教育機関で，中央集権国家の形成に伴い，中央官僚の養成が目的であった。大学は都（中央）に置かれ，五位以上の貴族，および東 西 史 部の子弟の入学が許された。

　大学とともに，律令制による地方の公的教育機関を**国学**という。主に郡司の子弟を対象に，**明経道**などの儒教教育を実施し，地方官僚を育成した。儒教を学ぶ明経道を主科に，音（中国語による読み）・書・算があり，後に，**明法道**（法律専攻）と紀伝道（漢文学・中国史専攻）が加えられた。

　大学別曹は，平安時代の大学寮の付属機関であった。大学寮入学準備のために，有力な貴族が設けた寄宿舎が発端である。有名なものでは，和気氏の**弘文院**，菅原氏の**文 章 院**，橘 氏の**学館院**，在原氏の**奨学院**，藤原氏の**勧学院**などがある。しかし平安末期には，大学寮とともに急速に衰退してしまった。

古代の子ども観

　古代における子どもの生活や様子は，『万葉集』（759年）のなかにも垣間見ることが可能である。山 上 憶良（660頃～733頃）の作「子等を思ふ歌」を紹介しよう。

長歌：瓜食めば　子等思ほゆ　栗食めば　況してしぬばゆ　何処より
　　　来りしものぞ　眼交に　もとな懸りて　安眠し寝さぬ

反歌：銀 も　金も玉も　なにせむに　まされる宝　子に如かめやも
　　　　　　　　　　　　　　　　　（『万葉集』巻第五，八〇二～八〇三）

(現代語訳)

長歌：瓜を食べれば，残してきた子どものことを思いだす。栗を食べれば，いっそう懐かしく思えてしようがない。
子どもたちはいったいどのような縁で，私の子どもとしてやってきたのだろうか。眼に子どもの姿がちらついて，熟睡することができない。

反歌：銀も金も宝石も何にせよ，それらより勝っている子どもに宝として及ぶだろうか。いや及ぶまい。

万葉以来，今日の私たちに至るまで，「子育て」に伴う親の子を思う心情はなんら変わることがないことが容易に理解できよう。

2　平安の仏教と貴族

古代の教育を考える場合，特筆すべきことは，**寺院**が社会や文化の中心であったという点である。奈良時代の仏教は，**国家統一**，民心教化のために用いられた。当時の僧侶は国民を教化するために派遣された国家の役人という性格をもっていた。

平安二宗と教育制度

平安時代には仏教界にも新風が巻き起こり始める。**最澄**（767〜822）は，空海とともに804年に入唐し，805年に唐から帰朝して，**天台宗**の開祖となる。諡号は伝教大師で，近江国の出身である。彼は，818年頃

図12-1　最澄

図12-2　空海

に，僧侶の学習課程として『山家学生式』を定め，奈良時代に衰弱した仏教に対抗する新興の天台宗僧侶の人材養成を目指した。

また，讃岐の出身の空海（774〜835）は，806（大同元）年に唐から帰朝して，真言宗の開祖となる。主著の『三教指帰』『実語教』などは，幕末・明治初期の教科書になった。諡号は弘法大師で，三筆の一人でもある。31歳で入唐し，816年に高野山に金剛峰寺を建立した。828（天長5）年頃には，日本初の庶民のための学校綜芸種智院を京都に建立した。京都の東寺の一画に設けられ，儒教や仏教などあらゆる学問を総合的に教育しようと試みられた。

図12-3 綜芸種智院の跡を示す石碑
出所：筆者撮影。

比叡山（最澄の天台宗）や高野山（空海の真言宗）では僧侶教育が確立し，ここでは現在の大学の「単位」に相当するようなものがあり，総合大学の性格を有していた。

有力氏族の私学

奈良時代，今日の図書館に相当する「文庫」が貴族たちによって開設された。石上宅嗣（729〜781）の作った芸亭（771年頃）は，わが国最初の図書館として有名である。これは，奈良時代の末期に宅嗣の旧宅に漢籍を集めて設けられたものだが，平安初期には衰亡してしまった。

貴族的品性

さて，大化の改新以後，古代の氏族社会が消滅し，しだいに貴族という支配階級が生じるようになった。当初は，中国を模範として，礼・楽・射・御・書・数の六つの技芸を教養として身につけることを要請された。しかしやがて日本独自の内容が，平安時代の貴族には求められるようになり，儒教的な教養を身につけると同時に，美的情調を鑑賞・表現する能力が求められた。とくに

第Ⅱ部　日本の教育制度と教育の歴史

漢詩・和歌・音曲に秀でることが教養の理想とされ，これを船にたとえて**三船の才**という日本独自の形態として，詩・**歌**・管弦の三つにまとめられるようになる。

菅原道真（845〜903）は，平安時代の**文章**博士で，藤原氏を抑えるために重用され，蔵人頭から右大臣にまで昇進したが，901年，左大臣藤原時平らの策略により**太宰権帥**として九州に左遷され，そこで死去する。学問の神，天満天神としてあがめられた。

仮名の発明

平安初期から中期の仮名文字の発明によって，多くの和歌，日記，随筆，物語などの文学が生まれ，日本固有の文化が成立した。主として女性が歌や手紙を記すのに盛んに使用されたことから発達する。言語学的に中国語と異なる日本語は，漢字で表現するにはどうしても限界があったが，仮名文字の発明によって，この難問を克服し，文学・教養・教育に多大の発展がみられるようになる。漢字漢文は男子が，かな文字は女子が使用した。女流作家の代表者として，『源氏物語』の著者である**紫式部**（978〜1016）や，『枕草子』の著者である**清少納言**（生没年未詳）らが輩出した。

3　中世の武家教育と教育制度

中世は，源頼朝が鎌倉に幕府を開いた1192（建久3）年から徳川家康が江戸に幕府を開く1603（慶長8）年まで，鎌倉時代，室町時代，安土桃山時代が含まれる。そして室町時代の初期は南北朝時代，最後の100年は戦国時代でもあった。この約410年間は，かつての京都を中心とした「点」の文化から鎌倉─京都の「線」の文化へ，そしてそれが庶民にも浸透してゆき，文化が「面」に拡大してゆく時代でもあった。

中世の特色としては，貴族階級が，**公家**から武家勢力へと移行したことである。武士に求められたのが，主君に対する忠誠心で，質素，信義などの徳も重

第12章 古代・中世の教育

要な心構えであった。また武芸に秀でることも武士には大切な要素であり、「武士道」「弓馬の道」などが教養として重んじられた。

武士道と家訓

中世の武士社会では、公の組織的な教育施設や制度は発達せず、そこでの教育は主として一門や家庭内の教育として担われた。武家には家ごとに、**家訓**が存在した。家訓とは、戦国時代の乱世にあって、大名や武士が自分の子弟の教育のために作った訓戒の書であり、武士の理想的人間像が提示されている。中世武家の家訓の代表例としては、『北条重時家訓（極楽寺殿御消息）』『竹馬抄』『武田信玄家法』などが有名である。

とくに、**北条重時**（1198〜1261）は、鎌倉時代の武将で、子息への家訓『北条重時家訓（極楽寺殿御消息）』では、主従関係、家督問題、婦人の尊重、礼儀作法、神仏への敬信など、自らの経験に即して具体的に教諭されている点で秀でている。

足利学校と金沢文庫

中世の武士による教育施設として、武蔵国（神奈川県）の**金沢文庫**と下野国（栃木県）の**足利学校**は、特筆に値する。

金沢文庫は鎌倉時代の1275年頃、**北条実時**（1224〜1276）が創設したといわれる代表的な武家文庫で、中世の教育施設である。僧侶養成のための講義も実施された。北条実時は幕府の要職にありながら、多くの書物の収集に余念がなく、晩年に退職してから金沢の別荘で和漢の書物や写本を公開し、広く武士や僧侶のみならず、一般にも閲覧を許した。これが金沢文庫の起源である。

足利学校は1432年頃、後花園天皇の御代に、関東管領の**上杉憲実**（1409〜1466）が再興したといわれている中世の代表的な高等教育機関である。武士や

図12-4 上杉憲実

117

図12-5　足利学校

僧侶などを中心に全国から学徒が集まり，儒学や国典，仏典などが講ぜられ，イエズス会のスペイン人宣教師，フランシスコ・ザビエルによって，「坂東の大学」と呼称されるほど栄えた。後には，和書・兵・医・天文なども学ばれた，高等僧侶養成機関である。とくに応仁の乱以降は，兵学や易学の権威者が戦国武将に迎えいれられたために，足利学校は室町初期には，日本文化の中心とみなされたが，その後一時衰退する。それを上杉憲実が儒書・領田等を寄付し，保護・統制することにより，再興した。郷学として1872（明治5）年まで現存した。

4　中世の寺院と庶民

　武家社会の成立は，中世とは異なる新しい武士の教育および教育制度をもたらした。そこでは独自の教訓や戒律が「家訓」として伝授された。また，中世における学問の担い手は主として僧侶であった。さらに平安末期以来，戦禍や天災などの社会不安が広がるなかで，庶民を対象とした新しい仏教も興り，寺院での世俗的な民衆教育も展開されるようになる。一方で，戦国時代末期にはキリスト教が伝来し，教会堂が建設され教化活動が開始された。

新仏教

　鎌倉仏教の特色は，貴族仏教から庶民仏教へと移行したことである。
　たとえば，**法然**（1133〜1212）は**浄土宗**の開祖として，専修念仏を説き，広く一般庶民に念仏の門を開いた。凡夫は阿弥陀仏を信頼して口で南無阿弥陀仏と唱えるだけで，極楽往生ができると教えた。主著に『選択本願念仏集』

（1198年）がある。

　法然に師事し浄土宗をいっそう徹底させたことで有名な**親鸞**（1173〜1262）
は，鎌倉時代の**浄土真宗**の開祖で，念仏他力門に努める。主著には『**教行信
証**』（1224年頃）がある。弟子の**唯円**の編集した『**歎異抄**』のなかで**悪人正機説**
が民衆に受け入れられた。「善人なおもて往生をとぐ，いわんや悪人をや」
（『歎異抄』）との文言は有名な箇所である。

　日蓮（1222〜1282）の**法華宗**は，「南無妙法蓮華経」の題目を唱えることで
「法華経」を世に広め，これが国家と国民を救済すると説いた。主著に『**立正
安国論**』がある。

　また比叡山に学んだ後，中国の宋で禅を学んで帰国した**栄西**（1141〜1215）
は，臨済禅を修めて，禅による仏教界の刷新を試み**臨済宗**を開き，京都に建仁
寺を，また鎌倉に寿福寺を建立した。主著に『**興禅護国論**』がある。

　栄西と同様に中国の宋で禅を学んで帰国した**曹洞宗**の開祖である**道元**（1200
〜1253）は，43歳で越前に**永平寺**を建立し僧侶教育に献身した。著書に『正
法眼蔵』（1238年）などがある。釈迦への回帰を求めて，座禅（只管打坐）を実
践し，自力本願による人間開発を主張した。

　他に**一遍**（1239〜1289）の**時宗**などの仏教各宗派は，それぞれ民衆教化に大
きく貢献した。

能楽の大成

　世阿弥元清（1363〜1443）は，室町時代の能楽者で，父の**観阿弥**の創始した
観世流を将軍足利義満の庇護により大成する。能の演技，創作にすぐれ，とく
に能の本質である**幽玄**を花にたとえ，7歳のつぼみの「稽古初め」から始めて，
「花のさかり」など7段階の修業過程を示している。「初心忘るべからず」（『花
鏡』）の語はよく知られている。主著の『**花伝書（風姿花伝）**』（1400年頃）は，独
自の卓越した芸道教育論であり，中世芸能教育の水準の高さを物語っている。
足利義満の死後には，迫害を受け，佐渡に流され不遇のうちに生涯を閉じた。

第Ⅱ部　日本の教育制度と教育の歴史

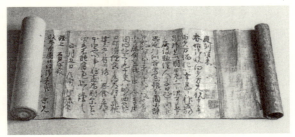

図12-6　往来物（庭訓往来）

民衆教化

往来物（おうらいもの）とは，平安末期から明治初年まで主として寺子屋で頻繁に編纂され使用されていた庶民用の初歩教科書の総称のことである。「往来」とはもともと消息往来の意味で，往復一対の手紙模範文を集めて編集したもので，最古のものとしては，平安末期の藤原明衡の『明衡往来（めいごうおうらい）』が有名である。14世紀の代表的なものは『庭訓往来（ていきんおうらい）』。イロハ・漢数字など基本的熟語から始め『実語教』『童子教』『庭訓往来』などの一般教養的テキストを経て，各々の親の商売に即した『百姓往来』『商売往来』へと進んだ。

参考文献

石川松太郎ほか『日本教育史』（玉川大学教職専門シリーズ），玉川大学出版部，1997年。
大庭茂美ほか編著『学校教師の探求』学文社，2001年。
小澤周三ほか『教育思想史』有斐閣，1997年。
佐藤環編『日本の教育史』（現場と結ぶ教職シリーズ2），あいり出版，2013年。
武安宥『ペレニタスの教育』教育哲学・思想研究会，2006年。
土屋忠雄・吉田昇・斎藤正二編著『日本教育史』（教育演習双書10），学文社，1993年。
広岡義之編『教職をめざす人のための教育用語・法規』ミネルヴァ書房，2012年。
森秀夫『教育史』学芸図書，2005年。
寄田啓夫・山中芳和編著『日本の教育の歴史と思想』（MINERVA教職講座2），ミネルヴァ書房，2002年。

第13章
江戸時代の教育

1　武士の教育制度と教育

　近世の徳川幕府のもとで，中世の封建制が再編成されていく。中世の守護・地頭・国司・国司代も消滅し，領主と農民の関係が成立した。鎌倉時代の武家政治から江戸時代の武家政治へと転換し始める。二百数十年にわたり，平和が維持された江戸時代は，学問の発展が深化し，教育も急速に普及していくことになる。とくに江戸時代の後半は教育が飛躍的に向上した。

近世の学校と教師群像

　近世の徳川幕府のもとで，幕府直轄の学校として代表的なものは江戸の**昌平坂学問所**であった。これは，開府当時，**林羅山**（1583〜1657）が上野忍岡に開いた学問所に始まり，1690（元禄3）年には湯島に移設された。孔子像をまつり，聖堂と呼称された。そこでは漢学などが講じられ，もっぱら儒学（朱子学）を中心とした体系だった教育が展開され，当時としては最高学府に位置づけられていた。

　それ以外にも，幕府直轄の学校として，長崎の明倫館，和学講談所（和学所），蕃書調所（開成所），医学館（医学所）等も存在した。

　各藩が徳川家康以来の文教政策に従うことが前提で，全国諸藩の学校（藩学校）は，藩士やその子弟を教育するために設立された。元来，**藩学校（藩学，藩校）**の教育は，**朱子学**中心の儒教教育が主流であったが，幕末には洋学や国学も講じられるようになる。幕末期には藩学校は，300校ぐらいに増加し，そ

121

第Ⅱ部　日本の教育制度と教育の歴史

図13-1　現在の湯島聖堂
出所：筆者撮影。

の多くは明治維新後に，創設された「中学校」の前身となるが，しかしこれらはいずれも武士を対象とした。

① 昌平坂学問所

　江戸幕府は，京都から朱子学者藤原惺窩（せいか）の門人，林羅山（道春）を江戸に招き，その子孫に学問のことをつかさどらせた。昌平坂学問所は，もとは1630年に，三代将軍**徳川家光**（1604〜1651，在職1623〜1651）が下賜した上野忍岡に設けられた林家の家塾である。後に官営化され，江戸幕府直参の家臣（旗本・御家人）の子弟を教育するための江戸時代最高学府としての学校となった。1690年，学問好きの五代将軍綱吉（1646〜1709，在職1680〜1709）は孔子廟を湯島の昌平坂に移し，林羅山の孫である信篤（のぶあつ）（1644〜1732）を大学頭（だいがくのかみ）に任命した。敷地が湯島であったことから，その聖堂は**湯島聖堂**とも称された。この聖堂に付属する学問所が，1797年に正式に幕府直轄の昌平坂学問所となり，これは武士の最高学府として各藩の藩校のモデルとなり続けた。ここでは幕臣の人材を養成し，幕政を援助することを目的とした。教科の中心は，朱子学であり，経学・史書・文章の3科とした。

122

第13章　江戸時代の教育

②　藩校（藩学）

　藩校とは，江戸時代から1871（明治4）年まで各藩によって設立され経営された武士の教育機関であり，**藩学**と呼ぶこともある。幕府にならって，諸藩が設立した藩校（藩学）には，私塾を起源としたものが多数ある。その在学期間は7〜8歳から15〜16歳までであった。

　とくに江戸中期には，藩政改革の一環としての人材養成機関として急増した。主なものとして，会津の**日新館**，長州の**明倫館**，尾張の**明倫堂**，水戸の**弘道館**，熊本の**時習館**，鹿児島の**造士館**，米沢の**興譲館**などが有名である。

2　庶民の教育制度と教育

寺 子 屋

　江戸時代中期に，庶民を対象として自然発生的に生まれたのが寺子屋であった。幕府や各藩は諸法度・御触書を書面や高札で示し，また商工業が盛んになるにつれて，手紙や売買の記帳，算盤が必要となった。この要望を満たしたのが寺子屋である。

　寺子屋については，一般庶民の現実の生活要請から生まれ出たもので元来，寺院で**僧侶**から学習する形態をとった。その意味でも，中世寺院の**俗人**教育から出発している。しかし次第に武士とか神官，さらには庶民出身ながら学問を深く身につけて師匠となったものもあり，なかには女性の経営者もいた。建物も寺院以外に**教 場**を設けたりして，近世独自の庶民教育がさかんになり始めた。近世中期から幕末期にかけて，江戸や大坂はもとより，全国各地の一般小都市や農村地帯のすみずみまで寺子屋は広がりをみせた。教え子の恩師に対する態度を示した「**三尺下がって師の影を踏まず**」という有名な言葉が示すように，当時の教師は人々や社会からずいぶん尊敬されていた。

　手習い所ともいうこの寺子屋は，江戸中期より急増した庶民教育機関で，主として読み・書き・算盤を教育内容とし，往来物を教科書として使用した。近世後半には商品流通による経済網が全国に張りめぐらされ，文字を書くことや

123

第Ⅱ部　日本の教育制度と教育の歴史

図13－2　閑谷学校

計算する能力が求められ，明治期の小学校の基礎を築いた。

　学科は，「いろは」に始まる漢数字など基本的熟語や習字から始まった。習字の手本としては，「国尽（くにづくし）」「苗字尽（みょうじづくし）」『庭訓往来』『商売往来』などがあった。子どもたちは，『実語教』『童子教（どうじきょう）』『庭訓往来』などの一般教養的テキストを経て，各々の親の商売に即した『百姓往来』『商売往来』へと進んだ。また礼儀作法などもしつけられた。実語教（じつごきょう）は，「童子教」とともに江戸時代に寺子屋で広く使われた庶民用の教科書で，ほかに「往来物」などもある。ともに五言・対句的で暗唱しやすい。たとえば「玉磨かざれば光なし，（中略）学ばざれば智なし」などの文言が有名である。

　商人教育としては，丁稚・手代の年季奉公による教育で，丁稚になるのは10歳頃からであった。職業教育では徒弟を弟子と呼んだが，技術の伝授であったから，商人の見習い奉公よりもはるかに鍛錬的であった。

庶民の郷学

　郷学（ごうがく・きょうがく）とは，江戸中期から明治初年にかけて，藩学と寺子屋の中間的存在として設置された。この郷学は，近代学校への過渡的な公教育的中等教育機関の原型となるものであった。藩主・藩士・村民有志らが設立した。仙台藩（宮城）の有備館が最古のものである。藩主が設立したものでは，岡山藩主・池田光政（1609～1682）は，熊沢蕃山（1619～1691）を招き閑谷（しずたに）学校を開設した。また民間人が設立し藩が援助したものでは，摂津の明倫堂が有名である。17世紀後半に整備され，近代以降の中等教育機関の母体ともなった。

124

第13章　江戸時代の教育

社 会 教 化

　江戸時代中・後期になると，農民も寺子屋に通って，勉強するようになった。農民の教育上大きな力のあったものとして二宮尊徳（1787〜1856）の報徳教がある。彼は，江戸末期の農政家で，本名は金次郎という。相模の農家に生まれるが早くに両親を失い，一家は離散してしまう。没落した家の再興に情熱を燃やし，報徳教を起こし，勤勉・倹約を実践し，農民層の救済に尽くした。徳をもって徳に報いるという思想は，農民の教育に大きな影響を及ぼした。明治以降，報徳社などが結成され全国に及んだ。勤・倹・譲の徳は，戦前の修身教育に利用された。

　江戸中期の庶民思想家で石門心学の開祖である石田梅巌（1685〜1744）は，丹波の農家に生まれ，京都の商家に奉公した。45歳のとき，梅巌は京都の自宅を開放し一般の人々に講釈を始めた。梅巌の思想は，儒学にとどまらず神道・仏教・老荘思想を混然と含むもので，具体的な日常的な経験を教え，道話というきわめて平易な通俗講話によって心学の布教を展開した。

　彼の教えは，主として町人層の倫理に訴えかけるものであり，梅巌の思想は死後，全国に広がり石門心学と呼ばれた。その後，高弟の手島堵庵（1718〜1786）ほかによって広められ，多くの心学講舎が建てられた。主著は『都鄙問答』である。

　京都生まれの石門心学者である柴田鳩翁（1783〜1839）もまた，心学運動の再興に尽力し，主著『鳩翁道話』9巻は，巧みな例話で説かれ広く流布した。

3　徳川時代の諸学派の思想と私塾

　徳川家康（1542〜1616）は幕府を江戸に開き，文教をもって国を治めようと決心し，学問の尊重を通じて文教を奨励した。学問の中心は儒学，なかでも朱子学であった。それは君臣・父子の別をわきまえ，上下の秩序を重んじたために，幕府や諸藩から手厚い保護を受けたからである。諸侯もまたこの文教に意を用いたので，一流の学者が次々に輩出するようになる。

125

朱子学派

　古く孔子によって開始された儒教は，12世紀，宋の時代になって朱子（朱熹。後世，朱子と敬称された。1130～1200）によって哲学的に整備された。朱子学は，陽明学派や古学派とともに，近世儒学の一派であるが，徳川幕藩体制を支えるイデオロギーとしての封建教学であった。朱熹の説く「居敬」とは，個人のなかに存在する「天理」を持続するために，日常生活の一挙手一投足に，心の乱れがないように常に自己コントロールすることであった。また，「窮理」とは一事一物に内在する「理」を究明してゆくことである。そのために朱子は，**四書五経**を徹底的に研究することを求めた。四書五経とは，儒教の根本経典であり，孔子が編集した古代歌謡集の『詩経』など『書経』『易経』『礼記』『春秋』を五経といい，漢の武帝時代に儒教が正式に経典となる。四書とは『論語』『孟子』と，『礼記』に含まれていた『大学』と『中庸』を差し示す。

　徳川幕府は，朱子学以外の学派を排斥したので，この学派は幕府の官学となった。朱子が集大成した宗学（性理学，道学，新儒教）では，「立志」が学問や教養の出発点として重視された。その意味でも，子どもに対してというよりも，青年や成人に対する修養論であり学問論であった。

　主著に『読史余論』がある江戸時代の朱子学者，**新井白石**（1657～1725）は，六代徳川家宣（1662～1712，在職1709～1712）らの下で幕政改革を進めた。近世中期の儒学者，朱子学者の**木下順庵**（1621～1698）に学んだ白石は，朱子学のみならず，洋学の端緒も開いた。

　播磨に生まれた江戸初期の儒学者，**藤原惺窩**（1561～1619）は，九州遊学中に，豊臣秀吉の朝鮮の役で，肥前国の名護屋に出陣中の徳川家康と知り合い，後に家康に召し出されて儒学を講じた。朱子学を究め，門人に林羅山らを輩出した。

　江戸時代初期の朱子学者で教育者であった木下順庵は，京都東山に**雉塾**を開き，五代将軍の綱吉の侍講となる。木下順庵の主著『**六諭衍義大意**』

図13-3　朱熹

は，寺子屋の教科書として広く流布した。門下生には，新井白石など逸材が多く輩出した。その木下順庵に師事した室 鳩 巣（1658〜1734）は，江戸時代中期の朱子学者で，朱子学を学び，新井白石の推薦で八代将軍吉宗の侍講となった。

「経験」を重視して朱子学からの脱皮を試みた貝原益軒（1630〜1714）もまた，近世前期の朱子学者であり，著書には『養生訓』や教育論『和俗童子訓』などの啓蒙的書物が存する。それとの関連での「随年教育法」は武士の子弟教育に，また「教女子法」は『女 大学』に継承されてゆく。貝原益軒の著とされている『女大学』は，江戸中期から明治期に至るまで幅広く支持された女子教訓書である。これは同じく貝原益軒著『和俗童子訓』のなかの「教女子法」に依拠する。後に，福沢諭吉は『女大学評論』で本書を批判し，『新女大学』を著し，新時代の女子の歩む道を示した。

陽 明 学 派

陽明学は王陽明の解釈による儒教であり，知行合一（一致）を唱えて，人間実践上の根本原理として，人々が空論に流れて実行に至らないことを強く戒めた。朱子学が官学であるのに対して，陽明学は民間の儒者の手によって構築されていった。

郷里の近江で実践道徳を重視し陽明学派を開いた中江藤樹（1608〜1648）は，江戸時代初期の儒学者で，家塾藤樹書院を開き，弟子には熊沢蕃山らが輩出した。中江藤樹の主著の『翁問答』は，世界と人間の根本原理である「孝」を基軸として，封建社会での人間の積極的生き方を述べている。彼の思想は朱子学とか陽明学を超越するものでもあり，孝をもって永遠の道理を考察した。

23歳で中江藤樹に師事した熊沢蕃山は，江戸時代前期に池田光政の岡山藩政を指導した。当地で藩学の花畠教場などの陽明学派の学校を設立するものの，彼の著作・思想が幕政を批判しているとされ，下総の古河城中（茨城県）に幽閉されて，獄死する。

第Ⅱ部　日本の教育制度と教育の歴史

古 学 派

朱子学は朱子を，陽明学は王陽明の解釈を通して儒教を理解しようと試みたが，しかしこのような仲介者を通さずに，直接古代の儒教を把捉しようと試みたのが古学派であった。

近世初期の京都の儒学者・古学者で，京都堀川に私塾**古義堂**を建てた**伊藤仁斎**（1627〜1705）は，全国からの3000人といわれた入門者に，『論語』『孟子』等を講じ，塾は明治まで続いた。彼の学問と教育は日常の実践のなかから作りあげられた。彼は直接「論語」を読むことによって儒教を理解しようとした。伊藤仁斎には『語孟字義』『論語古義』などの主著がある。

江戸で生まれた江戸中期の儒者で古文辞学の創始者であった**荻生徂徠**（1666〜1728）は，江戸日本橋に家塾**蘐園塾**を開いた。主著には『弁道』『政談』などがある。初めは伊藤仁斎の古学を批判するものの，やがて仁斎の影響を受けることになる。そこで古典を研究し始めた後，**古文辞学**を提唱するようになる。徂徠は四書五経を古文辞学によって研究し，儒学を**経世済民**の学としようとした。門下生には太宰春台らが輩出した。

江戸時代前期の古学派の儒者で兵学者であった**山鹿素行**（1622〜1685）は，林羅山に師事し，遊民化した武士に対して，儒教倫理に貫かれた武士道を提示した。山鹿素行の主著には，『武教全書』と『聖教要録』がある。

江戸中期の独創的な思想家である**安藤昌益**（1703〜1762）は，当時，**農民的立場**を擁護し，医者として秋田に住み，封建社会にあって支配者が農民を掠奪する現実を批判した。彼は『純道真伝』『自然真営道』を著し，身分制度の批判とそれに関わる儒学・仏教・老荘思想を攻撃した。

尾張藩士の武士の子として教育を受けた**大原幽学**（1797〜1858）は，幕末の**農村救済**の指導者であった。性理学を説く教導所としての**改心楼**を創設したが，それが原因で幕府の弾圧を受け，自害した。

江戸後期の朱子学派の儒学者，**菅茶山**（1748〜1827）は，備後（広島県）の生まれで，晩年に藩に申請して**廉塾**を開いた。

128

第13章　江戸時代の教育

諸 学 派

　水戸学は，水戸藩で『大日本史』編さん事業を遂行するなかで成立した。儒学の一つであるが，尊王思想を基盤としている。

　豊後の日田（大分県）の豪商の出で，私塾，咸宜園を創設した広瀬淡窓（1782～1856）は，江戸時代後期の折衷学派の儒学者で，主著には『迂言』がある。塾内の平等主義を貫くために，入門者の年齢，身分，学歴を問わなかった。また入門後の成績を適正に評価し公表する「月旦表」を使用した。弟子には大村益次郎，高野長英らが輩出した。

　細井平洲（1728～1801）は，江戸中期の折衷学派の儒学者で，24歳のとき江戸で家塾，嚶鳴館を開く。後に尾張の藩校明倫堂の監学となる。温厚篤実で民衆からは活如来のように仰がれたという。

　幕末の兵学・蘭学者であった佐久間象山（1811～1864）は，江戸を中心に砲術を教え，吉田松陰や坂本竜馬などが入門した。ペリー来航のとき，吉田松陰の密航計画に連座して獄につながれる。開国を唱えたため，1864（元治1）年，幕命によって攘夷派の浪士に暗殺される。

　長州（山口県）萩藩出身で吉田家の養子となった吉田松陰（1830～1859）は，脱藩して，天皇を尊敬し外国人を排斥する尊王攘夷運動に触れ，志士として活動する。佐久間象山に師事し，攘夷倒幕論を展開したため，萩に幽閉されるが，そこで武学や漢学を講じ，1856（安政3）年から私塾松下村塾を主宰した。高杉晋作・久坂玄瑞・伊藤博文・品川弥二郎らが輩出した。尊攘運動の弾圧により江戸で刑死した。吉田松陰の主著には『留魂録』がある。

国 学 派

　国学とは，日本の古典を研究して，日本古来の思想を復興する学派のことである。古事記，日本書紀，万葉集の考証を中心として，和歌，物語文学，神道等を研究した。

　契沖（1640～1701）は，真言宗の学僧で，仏教に深い素養をもっていたが，『万葉集』を実証的に研究し，国学研究の先駆者となった。一方で，荷田春満

129

第Ⅱ部　日本の教育制度と教育の歴史

（1668〜1736）は，国学を復興し，**皇国**の学を興そうと試みた。

　江戸中期の国学者で歌人であった**賀茂真淵**（1697〜1769）は，古学や古文辞学派の影響を受けて，万葉集等の古典を研究した。門流に本居宣長や 塙 保己一などがいる。儒学を排斥し，中国古代の先王の道に代わって，天皇崇拝の立場を鮮明にした。

　江戸中期の国学者である**本居宣長**（1730〜1801）は，契沖の著書に触れ，国学に志し，帰郷して医師として活動しながら国学の研究を継続した。34歳のとき，賀茂真淵と出会い，古事記研究について教えを受けた。後世，「松坂の一夜」として有名な師弟の出会いの好例となる。宣長はその後も書簡によって真淵に質疑応答を続けた。その後，三十年余かかって，1798年ついに『**古事記伝**』が刊行された。そのほか『玉くしげ』『うひ山ぶみ』などの著作で国学の地位を確立した。本居宣長は伊勢に家塾「鈴屋」を開設した。彼は「物の哀れ」を道徳原理とみていた。契沖，荷田春満，賀茂真淵によって連綿と受け継がれてきた国学の研究は，本居宣長によって遂に完成したといえよう。本居宣長の「物の哀れ」とは，対象客観を示す「もの」と，感動主観を示す「哀れ」との一致するところに生ずる調和であり，優美繊細さを指し示す。

　平田篤胤（1776〜1843）は，江戸時代後期の本居宣長の死後の門人となった国学者で，幕府の援助で**和学講談所**を創設する。豊富な学殖により神道を体系化する。幕末期に国学の宣揚運動を通して，王政復古への足がかりをつける。550人にのぼる門人を擁し，また100部を超える著作により，国学に論理的体系を与えたことが高く評価されている。

　塙 保己一（1746〜1821）は，江戸時代後期の盲人の国学者で教育者である。1793年に江戸に和学講談所を創立した。古書の収集類別による大叢書『**群書類従**』の刊行事業が有名である。

4　洋学の展開

　鎖国政策を継続していた幕府は，1720（享保5）年，キリスト教に無関係な

第13章 江戸時代の教育

図13-4 『解体新書』
出所：国立国会図書館デジタルコレクション。

洋書の輸入を認可する。幕末には西洋諸国との交流がさかんになり，西洋の医学や天文学などの自然科学研究への関心が急速に深まることになった。

洋学塾

前野良沢（1723〜1803），**杉田玄白**（1733〜1817）らは，ドイツの解剖図譜をオランダ語に訳した『**ターヘル・アナトミア**』（1734年）を重訳し，『**解体新書**』（1774年）として刊行した。これをきっかけとして，洋学がさかんになってゆく。

長崎出島のオランダ商館付きの医師として来日したドイツ人の**シーボルト**（Philipp Franz Balthasar von Siebold, 1796〜1866）は，幕末に西洋の学術を日本に伝えた。長崎に来日した翌年，長崎郊外に**鳴滝塾**（1823年）を開き，5年間医学や自然科学，動植物学を教授した。門人として高野長英らが輩出した。1829年の帰国の際，国外持ち出し禁止の日本地図を携帯していたため，捕らえられ追放された。これを**シーボルト事件**という。

また，備中足守藩士の家に生まれた幕末の蘭学医，**緒方洪庵**（1810〜1863）は，1838年大坂で医院を開

図13-5 シーボルト

131

第Ⅱ部　日本の教育制度と教育の歴史

業し，あわせて蘭学の**適塾**を開き，教育や学級組織を工夫して多くの有能な門人，福沢諭吉，橋本左内，大村益次郎など幕末維新の人材を輩出した。著書には『**病理通論**』などがある。

洋 学 機 関

　幕末には洋学が急速に発達した。蘭学の後は開港で学問的情報が入手しやすくなり，とくに英学が中心学問となる。幕府は，はやくから**天文方**を設置し，天文暦道や地図の作製，洋書の翻訳を扱った。1856（安政3）年，これを**蕃書調所**として改組し，洋学の要とした。後の1863（文久3）年にこれは**開成所**と称する。

　開成所とならぶ洋学機関に**医学所**がある。1858年に創設された「お玉が池種痘所」がその後，幕府直轄の種痘所となり，1863年に医学所と発展した。

参考文献

石川松太郎ほか『日本教育史』（玉川大学教職専門シリーズ），玉川大学出版部，1997年。

大庭茂美ほか編著『学校教師の探求』学文社，2001年。

国立国会図書館デジタルコレクション http://dl.ndl.go.jp/info:ndljp/pid/2609149（2019年8月28日閲覧）。

佐藤環編『日本の教育史』（現場と結ぶ教職シリーズ2），あいり出版，2013年。

土屋忠雄・吉田昇・斎藤正二編著『日本教育史』（教育演習双書10），学文社，1993年。

広岡義之編『教職をめざす人のための教育用語・法規』ミネルヴァ書房，2012年。

森秀夫『教育史』学芸図書，2005年。

寄田啓夫・山中芳和編著『日本の教育の歴史と思想』（MINERVA教職講座2），ミネルヴァ書房，2002年。

第**14**章
明治維新と教育

1 明治時代の特徴

　明治維新は，旧来の日本社会制度にそれまでの江戸時代の封建的な社会とは
異なる西洋の進んだ社会制度を採り入れる新しい社会改革を目指した。維新と
は，従来とはまったく異なる改革を断行することである。新政府は富国強兵，
殖産興業を目指し，日本の**近代化**を目指した。近代化とは封建的な考え方を否
定し，合理的，科学的，法的，制度的に刷新を図りつつ社会が運営されること
を意味する。新政府は欧米の文化，政治，産業などの発展状況を目の当たりに
し，日本の現状との比較においてその差異を思い知らされていた。そのため新
政府は国家を挙げて近代国家としての樹立を目指すことになった。政治，経済，
産業，文化のいずれの点においてもその近代化が求められ，その近代化を達成
する一つの手段が教育であった。

新しい時代の課題とインフラの整備
　1868（慶応4）年，明治天皇は**五箇条の御誓文**を宣言した。これは明治政府
の基本方針ともいわれ，以下の五つの表明である。

　　広く会議を興し，万機公論に決すべし
　　上下心を一にして，盛に経綸を行ふべし
　　官武一途庶民に至る迄，各其志を遂げ，人心をして倦まざらしめん事を要す
　　旧来の陋習を破り，天地の公道に基くべし

第Ⅱ部　日本の教育制度と教育の歴史

　智識を世界に求め，大に皇基を振起すべし

　以上の文言は広く知られているし，当時の日本の置かれた状況や早急に対応
すべき課題について，新政府の強い社会改革の意気込みを感じ取ることができ
る。会議や公論はその後の政治，産業において重視されてくることとなる。ま
た政府は「五榜の掲示」を表し，それは封建社会の道徳との決別を示し，近代
社会の民衆への心得を伝えるものであった。
　人々の暮らしをより合理的で近代的なものとするため，新政府はさまざまな
工夫を凝らした。日本にとって急務であったのは，富国強兵，殖産興業であっ
た。そのため帝国主義を推進し，資本主義を加速させ，官営の事業の創設やイ
ンフラの構築を行った。インフラの整備については，郵便制度，鉄道制度，電
気・電信制度，貨幣（紙幣）制度，港湾整備などが官主導で展開されていった。
インフラとはインフラストラクチャーの略称で，『広辞苑』によれば「道路・
鉄道・港湾・ダムなど産業基盤の社会資本のこと。最近では，学校・病院・公
園・社会福祉施設など生活関連の社会資本も含めていう」と述べられている。
官尊民卑という古い表現があるが，この時代には，民間の資本規模や経営努力
によって対応が叶わない事業が多々あった。その意味で官が主導となって明治
の人々の生活を向上させるためのインフラ整備を目指したのである。学校の全
国設置も社会インフラの対象であり，それに伴う教員養成制度や教科書の登場
など人々の生活意識を一変する試みとなった。官営の事業として有名なものは，
製造業（製鉄所，軍事工場）と繊維工業（例：富岡製糸場）で，海外からの技術指
導者を招聘してその業界を高めようとした。ここにも職場内での指導・教育
が存在した。
　こうした近代化の手段として教育を重点政策とし，そのため各地に学校を設
置するなど公教育が徐々に全国に形作られていくことになった。

文部省の設置

　明治の初年においては太政官制のもと，大学（校）が中央教育行政機関であ

第14章　明治維新と教育

図14−1　明治45年頃の文部省
出所：国立国会図書館デジタルコレクション。

った。その大学（校）が閉鎖され，1871（明治4）年に行政機関としての**文部省**が創設された。初代文部卿には，**大木喬任**（1832〜1899）が任命された。その次官（文部大輔）には江藤新平（1834〜1874）があたった。のちに内閣制が1885（明治18）年に確立することになるが，それ以降文部省は存続する。明治新政府はこの文部省に近代教育行政改革を実質的に担当させた。同じ年には，**津田梅子**ら5名の女子が，最初の女性留学生としてアメリカに留学している。現在では2001年に科学技術庁と統合され文部科学省となっている。

2　学制とその特徴

　江戸時代までの教育と明治以降の教育とではどのような相違が考えられるだろうか。まず，江戸時代までの教育は社会に根づいた封建制度によって教育を受ける機会が制限されていたということが挙げられる。身分制度の存在や男女差別，経済格差などが直接，教育に影響していた。たとえば，非常に優秀な能力をもちながらも教育を受けることができなかった者がいたが，そのような者がすべて教育を受けることは制度上できなかった。

第Ⅱ部　日本の教育制度と教育の歴史

　二つ目には，公教育という教育制度の確立が江戸時代までにはみられなかった点である。もちろん，幕府直轄の昌平坂学問所（昌平黌）や，各藩が運営する藩校（藩学）などは存在し，幕府や藩という社会における 紐 帯としての効用を意図していただろうし，教育内容も儒教，武道や蘭学を扱ったところもあった。しかしそれらが等しく公教育の性格を担った形で人々の身近な学校として存在していたかといえば，そうではなかった。明治新政府はアメリカ，イギリスの実利的功利的な教育思想と，中央集権的なフランスの教育制度を手本とした教育行政づくりに着手したのであった。

　三つ目には，功利主義的な教育内容，実学を明治時代の教育は取り扱ったという点である。もちろん，江戸時代までの教育において，たとえば寺子屋で展開された基本的な実学の内容の存在はみられもした。だが明治時代の教育は，江戸時代の私塾で展開されてきた国学や古学などの教育内容や儒教的な教育内容とは異なり，科学的で功利主義的な内容を強く志向していた。**功利主義**とは，経済学用語で，快を追求し苦を回避する傾向のあることをいう。教育の結果に対して，虚学でみられた精神論的な収穫（努力，忍耐，苦労）ではなく，実学として得られる快（経済的快，名誉的快）を当てたということができる。

　四つ目には，三つ目の相違点と一部重複するが，明治時代の教育は，江戸時代までの教育とは異なり，学歴と職業との関係を強く結びつけるものであった。いわゆる学歴社会を産み出す契機を，明治の学校教育はその機能としてもっていた，ということができる。立身出世などの教育と職業（社会的地位）との相関性が生じたともいうことができる。

　五つ目には，**官僚制**や官僚的理念が一般社会に取り入れられ始めたことである。これは学校教育そのものの成立させている観点である。原則，資格を有した教授する者，取り決められた学びと決められた試験，時間（割）と学校，教授する場所としての教室と守るべき規律などが，登場することは大きな意味があった。学校で使用する物は，官製のものや認可を受けた物であり，許可を要する必要性も生じてきた。官僚制とは，マックス・ウェーバーの『官僚制』によれば，以下の六つの特徴が挙げられる（ウェーバー，1998，7～10ページ）。

136

① 規則，すなわち法則や行政規則によって一般的な形で秩序づけられた明確な官庁的権限の原則
② 職務体統と審庁順序の原則
③ 近代的な職務執行は，原案または草案という形で保存される書類（文章）に基づいて行われ，その任に当たるものは，あらゆる種類の下僚や書記から成る幹部である
④ 職務活動（中略）は，通常，つっこんだ専門的訓練を前提とする
⑤ 完全に発達した職務では，職務上の活動には官吏の全労働力が要求される
⑥ 官吏の職務遂行は（中略）明確で周到な，また習得しうる一般的な規則にしたがってなされる

まさに当時の学校での運営はウェーバーのいう官僚制の理念に基づくことにほかならなかった。そこには裁可，評価，指導など，ある権限を有した者とそれに従う者との関係性がみられ，従う者はそれに反したり背いたりすれば不利益な対応（例：懲罰など）も受けるという構造であった。確かに寺子屋などでも類似した関係性はみられたが，その関係性を精緻に維持してゆくための強力な力（主従関係，遵守関係）が働いていたことが，学校教育のしくみを成立させていた。

六つ目には，**学区制**といわれる学制を効率よく行うための教育行政単位が考案されたことである。学区制とは全国を八つの大学区に分け，それぞれの大学区のなかに32の中学区を設け，さらにそれぞれの中学区のなかを，210の小学区に分け，各学区に学校をそれぞれ設けることを意図した制度であった。どのような地域に住んでいたとしても学校が存在することを追求したのであった。

七つ目には，授業料が受益者負担となっていたことである。江戸時代までの教育では入門の際に束脩と呼ばれる現在でいう入学金や入学への御礼があり，授業料に相当する謝儀があった。現代の義務教育は無償であるとするあり方からすれば，驚きに値するかもしれないが，当時は教育の恩恵を受ける当人が授業料を負担することが当然とされた。

第Ⅱ部　日本の教育制度と教育の歴史

3　被仰出書と学制

　文部省は，1872（明治5）年に，学制の序文にあたる「学事奨励に関する被仰出書」を出した。その全文をみてみよう（139ページ参照）。

　ここでは，特徴的な文章を引用してみることとする。

　一つ目は，「人々自ら其身を立て其産を治め其業を昌にして以て其生を遂るゆゑんのものは他なし身を脩め智を開き才芸を長ずるによるなり」である。この冒頭の一文には，当時の明治政府の教育に対する意気込みが感じられる。人の人生を職業生活を通じて豊かにするものは，「身を脩め智を開き才芸を長ずる」（＝学・教育）によるほかはないとのことである。

　二つ目は，以上の文章をもって「是れ学校の設あるゆゑん」と述べている文章である。学校の存在（設置）が，明治政府によるものであるだけでなく，人々の生活との絶対的関係性にあることをうたったものである。つまりこれらの文章から学歴社会の起源を読み取ることができる。

　三つ目は，「自今以後一般の人民華士族農工商及婦女子必ず邑に不学の戸なく家に不学の人なからしめん事を期す」である。今後，すべての地域社会に教育を受けていない者がないように，また家庭においても教育を受けていない人がいないことを期待します，との意味である。国民皆学を目指したということができる。

学制の課題

　以上のように学制の理念は，日本の近代社会の実現において非常に画期的なものであった。しかし，社会の現実からすれば，学制の理念は社会の現実にそぐわない点もあった。たとえば，授業料の受益者負担の制度は，当時の多くの家庭においては現実にそぐわないものであった。当時，子どもは家庭においては貴重な労働力とみなされていた。大家族や家業の維持にとっては，子どもと

第14章　明治維新と教育

学事奨励に関する被仰出書（全文）

　　人々自ら其身を立て其産を治め其業を昌にして以て其生を遂るゆゑんのもの
は他なし身を脩め智を開き才芸を長ずるによるなり而て其身を脩め知を開き才芸
を長ずるは学にあらざれば能はず是れ学校の設あるゆゑんにして日用常行言語書
算を初め士官農商百工技芸及び法律政治天文医療等に至る迄凡人の営むところ
の事学あらさるはなし人能く其才のあるところに応じ勉励して之に従事ししかし
て後初て生を治め産を興し業を昌にするを得べしされば学問は身を立るの財本とも
いふべきものにして人たるもの誰か学ばずして可ならんや夫の道路に迷ひ飢餓に
陥り家を破り身を喪の徒の如きは畢竟不学よりしてかかる過ちを生ずるなり
　　従来学校の設ありてより年を歴ること久しといへども或は其道を得ざるよりして
人其方向を誤り学問は士人以上の事とし農工商及婦女子に至っては之を度外にお
き学問の何物たるを辨ぜず又士人以上の稀に学ぶものも動もすれば国家の為にすと
唱へ身を立るの基たるを知ずして或は詞章記誦の末に趨り空理虚談の途に陥り
其論高尚に似たりといへども之を身に行ひ事に施すこと能ざるもの少からず是
すなわち沿襲の習弊にして文明普ねからず才芸の長ぜずして貧乏破産喪家の徒多
きゆゑんなり是故に人たるものは学ばずんばあるべからず之を学ぶに宜しく其旨を
誤るべからず之に依て今般文部省に於て学制を定め追々教則をも改正し布告に及
ぶべきにつき自今以後一般の人民華士族農工商及婦女子必ず邑に不学の戸なく家に
不学の人なからしめん事を期す人の父兄たるもの宜しく此意を体認し其愛育の情
を厚くし其子弟をして必ず学に従事せしめざるべからざるものなり高上の学に至て
は其人の材能に任かすといへども幼童の子弟は男女の別なく小学に従事せしめざ
るものは其父兄の越度たるべき事
　　但従来沿襲の弊学問は士人以上の事とし国家の為にすと唱ふるを以て学費及其
衣食の用に至る迄多く官に依頼し之を給するに非ざれば学ざる事と思ひ一生を
自棄するもの少からず是皆惑へるの甚しきもの也今以後此等の弊を改め一般
の人民他事を抛ち自ら奮て必ず学に従事せしむべき様心得べき事
　　明治五年壬申七月

　　　　　　　　　　　　　　　　　　　　　　　　　　　　　　太政官

いえども労働が期待されていたのである。それが明治という新しい時代に入っ
て地域社会の集合場所としての学校への就学が推奨されるようになり，子ども
の労働力をこれまで通り期待していた家庭においては，貴重な労働力が学校に
奪われるという好ましからざる状況が到来することになった。

さらに受益者負担の原則は、子どもも奪われお金も必要になるという二重の意味での負担を家庭に求めるものであった。こうした学制への不満は、学校の焼き討ち運動として過激な反応がみられた地域も存在した。また華族や士族らの子弟が、平民の子弟と机を並べて学ぶことに不満を示すものもあった。

福沢諭吉と明六社

当時の代表的人物の一人として福沢諭吉（1834～1901）を挙げることができる。福沢は、豊前中津藩の下級武士の子として生まれた。青年時代に父親と生き別れ、大坂の緒方洪庵の適塾で蘭学を学び、その後江戸に出て、遣欧使節団の一員として数回欧米を視察する機会をもった。彼は「門閥制度は親の敵でござる」「一身独立して一国独立す」「喜怒色にあらわさず」などの言葉を残しているが、彼の経験してきた幕末の教育がそのような言葉を産み出したのであった。すなわち下級武士の子として身分制度の理不尽さを実感し、欧米と日本との文化・教育の歴然とした差を実感し、また欧米の道徳論者や思想家の代表的著作に触れ感銘を受けたことで、人生のモットーを修得したのであった。

福沢が故郷中津の子どもたちに教育書として記したのが『学問のすすめ』（1872～76年）といわれている。冒頭の「天は人の上に人を作らず、人の下に人を作らずといえり」は有名である。これは偽版が出るほどよく売れ、偽版を含め当時160人に1人が所有するほどの売れ行きを示したといわれている。彼は自ら出版事業の届け出を出し、学者、教育者、思想家としての側面のみならず事業家としての側面もみられた。また『西洋事情』や『文明論之概略』などの書物により日本の教育界に及ぼした影響力は計り知れない。こうした西洋の進んだ文明に憧憬の念をもち、進んで日本社会に紹介し定着させようと努力した啓蒙思想家、欧化主義者たちがいた。

こうした欧化主義者たちの思想集団が存在した。その代表が明六社（1873～79年）である。明六社は

図14-2 福沢諭吉

第14章　明治維新と教育

後の初代文部大臣森有礼（1847～1889）が代表を務めた思想集団で，メンバーは森有礼のほか福沢諭吉，西村茂樹（1828～1902），西周（1829～1897），中村正直（1832～1891）らで結成され，啓蒙雑誌『明六雑誌』を創刊した。その内容は政治，宗教，思想など啓蒙的内容であったが，やがて政府に弾圧され，廃刊となった。後に福沢は啓蒙思想家の代表としてもみなされることとなったが，また他方ではそれが開明的な欧化思想の展開者ともみなされるようになった。

当時の学校の様子

　福沢諭吉が当時の学校を視察し，その報告をまとめた文章が残っている（山住，1990，22ページ以下参照）。福沢が郷里の大分の中津に帰省する途中に京都に立ち寄り，その際に見学した京都の学校の視察内容である。

　京都では1869（明治2）年より府が布告を出して，市内を64の区に分けて各1区ごとに小学校を設け，貧富貴賤を問わず，7，8歳より13，14歳に至る者は，皆来て教を受けるのを許した。また校内は二つに分け，男女が分かれて学び，学校は朝8時に始まり，午後4時に終わる，などの報告がされている。科目は「いろは五十韻より用文章等の手習，九々の数，加減乗除，比例等の算術に至り，句読は府県名，国尽（地理のこと），翻訳の地理，窮理書（物理・理科のこと），経済書の初歩等を授ける……」（同書23ページ。（　）内は筆者）とあり，毎月試験を行い，春秋二度には大きな試験（大試業）があって，教員が総出となり，府の知参事より年寄りに至るまで，諮問を行った。また成績も甲乙の場合には，褒美として書道・硬筆の書籍・用紙が付与されるとあり，子どもの学習の心理を上手く活用していたようである。

　報告の最後には，「民間に学校を設て人民を教育せんとするは余輩（わたしたち）積年の宿志なり」（同書26ページ。（　）内は筆者）と述べ，「其悦恰も故郷に帰て知己朋友に逢うが如し」（同書26ページ）と述べ，福沢の長年の関心が教育の普及と一般化にあり，この視察が彼の思い描く理想的な学校像と一致するものであり，その実現に喜びを伴っていたということができる。

141

第Ⅱ部　日本の教育制度と教育の歴史

4　制度の変遷

教育令

　学制の実施内容に対し，人々は不満をもつようになった。自由民権運動の高
まりや啓蒙運動などの高まりによって，開明的で欧化思想が力をもつ一方，そ
れに対する復古主義的思想に賛同する動向もみられるようになった。明治政府
は1879（明治12）年，学制を廃止して，**教育令**を公布した。この教育令は全47
条から成り立ち，従来の中央集権的な教育制度に対して，地方分権的な教育制
度の推進（学校の設置を町村単位とするなど）を示したものであった。内容の大
部分は，初等教育と師範教育に関するものであった。これは自由主義的な内容
（巡廻教師という制度により，へき地など教師の不足する地域はこの教師の巡廻をもっ
て教授可能。山住，1990，76ページ参照）をもつものであった。このため教育令は
自由教育令ともいわれることがある。これを植木枝盛（1857～1892）は評価す
るなど一部の自由主義思想家にとっては歓迎されたが，政府はこの内容に不満
であった。

教学聖旨

　明治天皇は，地方行幸（北陸，東海地方）を行い，教育の現状を視察した。明
治天皇の侍講元田永孚（1818～1891）は「開明的教育政策の修正を，天皇の名
によって求め」（山住，1990，78ページ参照），これを調整し，こうして1879年
「**教学聖旨**」において，国民教育の方針が出された。
　冒頭には，「教学ノ要，仁義忠孝ヲ明カニシテ，知識才芸ヲ究メ，以テ人
道ヲ尽クスハ，我祖訓国典ノ大旨，上下一般ノ教エトスル所ナリ。然ルニ，輓
近（最近のこと）専ラ智識才芸ノミヲ尚トヒ，文明開化ノ末ニ馳セ，品行ヲ破
リ風俗ヲ傷フ者少ナカラス」とあり，明治維新から10年たち，文明開化や欧化
思想の流行や定着に鑑み，復古的な思想を軽視する雰囲気を危惧し，あらため
て儒教道徳の教育を「本（中心）」とするべきであり，いわゆる知識才芸を

142

第14章　明治維新と教育

「末」とする旨が説かれた（山住，1990，78ページを参照。（　）内は筆者）。

　その内容の一部には，「仁義忠孝ノ心ハ人皆之有リ。然ドモ其幼少ノ始ニ，其脳髄ニ感覚セシメテ培養スルニ非レバ，他ノ物事已ニ耳ニ入リ先入主トナル時ハ，後奈何トモ為ス可ベカラズ」（同書78～79ページ）であると述べられ，「脳髄に感覚せしめて」とはその内容を徹底して習得させその手段として画像や写真が挙げられて，その教育方法のあり方の改善を求めている。また教育の現状に対しても，「去秋各県ノ学校ヲ巡覧シ，親シク生徒ノ芸業ヲ験スルニ，或イハ農商ノ子弟ニシテ其説ク所多クハ高尚ノ空論ノミ」（同書78～79ページ）と述べられており，昨年秋，学校を視察した際，生徒の学習状況を視察したが，その際農家や商家の子どもは高尚な内容を扱い，役に立たない空論だけであったとも理解ができ，知識中心の教育ではなく，「其本業ニ帰リテ益々其業ヲ盛大ニスルノ教則アランコトヲ欲ス」と述べ，儒教主義の教育（「専ラ仁義忠孝ヲ明カニシ，道徳ノ学ハ孔子ヲ主トシテ，人々誠実品行ヲ尚ブ……」）を目指すものであった。

　またこの頃前後して**徳育論争**が起こった。徳育論争とは，伊藤博文が「教育議」のなかで**開明**的立場から教学聖旨を批判したのに対し，元田永孚は「教育議附議」のなかで**復古主義**的立場からこれに反対したことによる論争のことである。

改正教育令

　1880（明治13）年，文部卿**河野敏鎌**（1844～1895）は教育令を改正する（**改正教育令**）。改正教育令は50条からなりたち，その内容は初等教育を中心とするものであった。その特徴は，改めて国家が普通教育に干渉する方向（学校の設置，就学義務に関する規定）で取り決めがなされている点である。たとえば，学校の設置には文部卿の認可を必要とした。また**修身**が**筆頭科目**として位置づけられた。河野の上奏文によれば，先の教育令の結果，学校教育が停滞してしまったため，また「旧法の（中略）過度の制限を除くに急なるより，その勢の及ぶところ，放任すべからざるものを併せて放任するに至る」（山住，1990，99

143

ページ）とも述べられており，文部省にとって自由主義的な教育が放任主義に成り下がってしまっているとも理解され，その改正は大きな課題となっていた。そのため，改めて国家が普通教育に干渉する方向で取り決めがなされた。

また学区制の規模と学校設置についての規定もある。現行の学区制では現状の状況と一致しておらず，学齢児童が学校に通うことが困難であるため，各町村が連合して小学校を設置するべきであることが示されている。

教員についても，合格の教員（当時無資格の教員が多かった）が学校に配置されず，適切な教具もそなわっておらず，その結果，児童の心性を損ない健康を害してしまう事態が複数挙げられるという。ちなみに，学制では，小学校教員の資格要件を，満20歳以上，師範学校卒業状または中学校卒業免状をもつ男女と定められていたが，この頃には十分機能していなかったようである（山住，1990，103ページ）。

5　学　校　令

太政官制から内閣制に移行したのが1885（明治18）年である。これまで改革に改革が続いて不安定であった明治前半の教育改革のなかで，一つの方向性を決定し進行する時代が到来する。1885年に伊藤博文が初代内閣総理大臣に，森有礼が初代文部大臣に就任し，その中心的役割を果たすこととなる。

図14-3　森有礼

森有礼は，薩摩藩の出身で，藩校造士館で学んだ。林子平（1738〜1793）の『海国兵談』の影響によって洋学を志した。藩命により五代友厚（1835〜1885）らとともに，イギリスに留学している。欧米の思想に明るく，訪米によってアメリカの教育事情についても視察している。明六社のメンバーでもあり，『明六雑誌』には，「学者職分論ノ評」「開化第一話」「宗教」を含め7本の論文を投稿している（犬塚，1986，170ページ）。

第14章　明治維新と教育

　森が教育改革において果たした役割として挙げられるのが，先の「教育令」の廃止と学校令の制定（1886年）であった。学校令は，「小学校令」「中学校令」「帝国大学令」「師範学校令」「諸学校通則」の総称である。

帝国大学令

　最初に出されたのが**帝国大学令**である。その第1条は「帝国大学ハ国家ノ須要ニ応スル学術技芸ヲ教授シ及其蘊奥ヲ攻究スルヲ以テ目的トス」とあり，国家に有用な人材育成を大学教育（帝国大学）が担うことを謳っている。また帝国大学令は制限的な意味をもち，帝国大学以外の大学の設置は認められないというものであった。私学のなかには大学を名乗るものがあったが，制度的には認められないものであった。

　現在の東京大学の前身である帝国大学は，1877（明治10）年に幕末からあった大学本校をもとに，開成学校などが合併してできた。帝国大学卒業生（大学院と五分科大学（法，医，工，文，理）のうち法，文の二科の卒業生）は，無試験で高等官試補に採用されるというメリットがあった（尾崎，1999，45ページ）。また入学者のほとんどが高等小学校の卒業生であった。その後，**帝国大学**は，1897年京都帝国大学，1907年東北帝国大学，1910年に九州帝国大学，1918年北海道帝国大学が設立され，同年に私立の学校（専門学校）が私立大学として設置が認められるようになる。

師範学校令

　1886年の大学令が出された同じ年，**師範学校令**が出される。森が最も力を入れたものは師範教育改革であった（尾崎，1999，46ページ）。師範学校令は全12条からなりたち，通常の尋常師範（4年制）と，高等師範（3年制）とに分類され，尋常師範は，府県に一つ設置され，高等師範（旧東京高等師範，旧東京教育大（現：筑波大学））は，東京に1校設置された（後に1890年女子高等師範学校（現：御茶ノ水女子大学），1902年に広島高等師範（現：広島大学教育学部），1908年奈良女子高等師範（現：奈良女子大学）ができる）。

145

第Ⅱ部　日本の教育制度と教育の歴史

　師範学校令第１条には「師範学校ハ教員トナルヘキモノヲ養成スル所トス但<ruby>但<rt>ただし</rt></ruby>生徒ヲシテ<ruby>順良親愛威重<rt>じゅんりょうしんあいいじゅう</rt></ruby>ノ気質ヲ備ヘシムルコトニ注目スヘキモノトス」と記されている。これは，**戦前の教員像**を示すものとして，その資質として「順良，親愛，威重」の３徳目を有することが期待されたことを示している。戦前の教員養成が，形式を重視し世間からの注目の対象として，近寄りがたい存在としてのいわゆる師範型の教師の養成を目指していたことも示している。師範学校生は，全寮制で，給費制であった。ちなみに**<ruby>田山花袋<rt>たやまかたい</rt></ruby>**（1871～1930）の小説『田舎教師』（1909年）の主人公林清三は，自らは高等師範出の教員ではなく代用教員であるため，高等師範出の友人（加藤郁治）との関わり方や，自己に悩む話を紹介しているが，当時の教育者の内面を知ることができる。そのほか，兵式体操の導入など軍隊的色彩の強い教育も取り入れられていた。

小学校令と中学校令

　小学校令は，全16条からなる。小学校は尋常（４年）と高等（４年）の二つからなり，地域の事情によっては簡易科を設けることも可能であった。このうち尋常小学校が義務をもとめるものであった。すでに先の学制においても「小学校ハ教育ノ初級ニシテ人民一般必ス学ハスンハアルヘカラサルモノトス」と定められていたものがあった。

　のちに，この小学校令は改正され（1890年），市町村に小学校の設置が義務づけられた。そしてその教育目的も同令第１条において「小学校ハ児童身体ノ発達ニ留意シテ道徳教育及国民教育ノ基礎並其生活ニ必須ナル普通ノ知識技能ヲ授クルヲ以テ本旨トス」と明確化された。

　中学校令第１条には，「中学校ハ実業ニ就カント欲シ又ハ高等ノ学校ニ入ラント欲スルモノニ須要ナル教育ヲ為ス所トス」とされ，実業者向けの進学か，あるいは高等の学校への進学かの二通りの進路が意図されて設立されていた。実際，中学校は，５年制で各府県に１校ずつの尋常中学校と，２年制の高等中学校（東京，仙台，京都，金沢，熊本）とに分類されていた。

146

第14章　明治維新と教育

6　お雇い外国人と教育政策

　明治時代には，各分野の世界的レベルの研究者・教育家をわが国に招聘して指南を仰ぎ，政策を整備し後世で活躍しうる人材の育成の任にあたらせる者がいたが，それが**お雇い外国人**であった。有名な人物としては，アメリカ人のモース（1838～1925，生物学・考古学），ドイツ人のナウマン（1854～1927，地質学），イギリス人のコンドル（1852～1920，設計者・建築家），アメリカ人フェノロサ（1853～1908，美学），ドイツ人ベルツ（1849～1913，医学），フランス人ボアソナード（1825～1910，法学），アメリカ人のクラーク（1826～1886，教育）などが挙げられる。彼らのなかには破格の経済的な待遇で招聘されたものもあった。彼らは後世の日本の各学問分野の指導者の養成にあたり，日本の各学問分野を牽引し，後の時代における教育の筋道を造った。

　教育制度との関係では，アメリカ育ち（実際は出生届を行っていないため無国籍）の**フルベッキ**（1830～1898），アメリカ人の**モルレー**（1830～1905）らが挙げられる。当時大学南校の教師だった**フルベッキ**は，学制案の起草に関係し，徴兵制の提案などを行ったとされる（梅溪，2007，78～79ページ）。岩倉具視遣欧使節団が招聘要請した**モルレー**は，教育令ならびに改正教育令の制定や，東京大学，東京女子師範学校や付属幼稚園の創設に関係している（梅溪，2007，149～156ページ）。彼らはいずれも合理的な教育制度の提唱と立案に関係し，教育に関与・従事することで近代の日本の教育制度の形成に大きな役割を果たした。

7　教育勅語

　教育勅語は，1890（明治23）年に勅令として出された。地方長官会議において，当時の社会の不安定な状況（大日本帝国憲法発布，啓蒙主義・欧化思想の社

図14-4　モルレー

147

第Ⅱ部　日本の教育制度と教育の歴史

教育に関する勅語（全文）

朕惟フニ我カ皇祖皇宗國ヲ肇ムルコト宏遠ニ徳ヲ樹ツルコト深厚ナリ我カ臣民克ク忠ニ克ク孝ニ億兆心ヲ一ニシテ世々厥ノ美ヲ濟セルハ此レ我カ國體ノ精華ニシテ教育ノ淵源亦實ニ此ニ存ス爾臣民父母ニ孝ニ兄弟ニ友ニ夫婦相和シ朋友相信シ恭儉己レヲ持シ博愛衆ニ及ホシ學ヲ修メ業ヲ習ヒ以テ智能ヲ啓發シ德器ヲ成就シ進テ公益ヲ廣メ世務ヲ開キ常ニ國憲ヲ重シ國法ニ遵ヒ一旦緩急アレハ義勇公ニ奉シ以テ天壤無窮ノ皇運ヲ扶翼スヘシ是ノ如キハ獨リ朕カ忠良ノ臣民タルノミナラス又以テ爾祖先ノ遺風ヲ顯彰スルニ足ラン斯ノ道ハ實ニ我カ皇祖皇宗ノ遺訓ニシテ子孫臣民ノ俱ニ遵守スヘキ所之ヲ古今ニ通シテ謬ラス之ヲ中外ニ施シテ悖ラス朕爾臣民ト俱ニ拳々服膺シテ咸其德ヲ一ニセンコトヲ庶幾フ

明治二十三年十月三十日　　　　　　　　　　　　　　　御名御璽

教育勅語の現代語訳

　私は，私達の祖先が，遠大な理想のもとに，道義国家の実現をめざして，日本の国をおはじめになったものと信じます。そして，国民は忠孝両全の道を全うして，全国民が心を合わせて努力した結果，今日に至るまで，見事な成果をあげて参りましたことは，もとより日本のすぐれた国柄の賜物といわねばなりませんが，私は教育の根本もまた，道義立国の達成にあると信じます。

　国民の皆さんは，子は親に孝養を尽くし，兄弟・姉妹はたがいに力を合わせて助け合い，夫婦は仲むつまじく解け合い，友人は胸襟を開いて信じあい，そして自分の言動をつつしみ，すべての人々に愛の手をさしのべ，学問を怠らず，職業に専念し，知識を養い，人格をみがき，さらに進んで，社会公共のために貢献し，また，法律や，秩序を守ることは勿論のこと，非常事態の発生の場合は，真心をささげて，国の平和と安全に奉仕しなければなりません。そして，これらのことは，善良な国民としての当然のつとめであるばかりでなく，また，私達の祖先が，今日まで身をもって示し残された伝統的美風を，更にいっそう明らかにすることでもあります。

　このような国民の歩むべき道は，祖先の教訓として，私達子孫の守らなければならないところであると共に，このおしえは，昔も今も変わらぬ正しい道であり，また日本ばかりでなく，外国で行っても，まちがいのない道でありますから，私もまた国民の皆さんとともに，父祖の教えを胸に抱いて，立派な日本人となるように，心から念願するものであります。

（国民道徳協会訳）

会での展開など）を受けて，明治天皇の箴言(しんげん)を賜りたいとの決議を満場一致で得た。その結果，当時の首相山県有朋(やまがたありとも)（1838～1922）は，文部大臣芳川顕正(よしかわあきまさ)（1842～1920）に対して箴言編纂するよう命じた。法制局長官井上 毅(いのうえこわし)（1844～1895）が原案を起草し，元田永孚が協力して勅語案が成立。1890年10月30日，明治天皇によって内閣総理大臣に「**教育に関する勅語**」が下賜(かし)された。

図14-5　奉安殿

教育勅語は，三つから構成されている（尾崎，1999，55ページ）。

第1に，天皇の徳治と市民の忠誠が国体の精髄であり教育の原理であること
第2に，儒教の13の徳目を挙げていること［徳目数の解釈分かれる］
第3に，臣民にそれらの遵守をもとめていること

以上は，戦後，教育勅語の無効化が決定されるまで，戦前の日本の教育理念の中心となっていった。

御真影と奉安殿

この教育勅語は，終戦後その教育勅語の無効化が国会で決定されるまで，わが国の学校教育のなかに強力に浸透してゆく。その理由の一つには，「小学校祝日大祭日儀式規程により，**御真影**(ごしんえい)（天皇・皇后の肖像写真）への拝礼，万歳奉祝，教育勅語奉読，校長訓辞，唱歌合唱というスタイル」（尾崎，1999，57ページ）が挙げられる。大日本帝国憲法には，教育に関する規定はなく，この勅語が教育に関する要となるものであった。

また，各学校の校庭には，**奉安殿**(ほうあんでん)という御真影と教育勅語の謄本を奉安するための施設がその後普及することになる。登下校の際に，子どもはもちろん教

第Ⅱ部　日本の教育制度と教育の歴史

員も含め，礼を欠かさないことが求められ，管理も厳重に取り扱われた。先の規定により，学校内での祝日式典などでは，子どもたちは緊張感をもってその儀式を見守っていたが，不敬事件や教育勅語の取り扱いに伴う殉職などの出来事も生じた。不敬事件のうち有名なものとしては，内村鑑三（1861〜1930）の教育勅語への敬礼を拒んだ事件がある。内村は第一高等中学校の講師であったが，クリスチャンであったため，天皇の署名のある教育勅語への拝礼を拒否し，そのため職を追われることとなった。

8　義務教育制度と教科書制度

　明治初期の小学校への就学率の推移は表14-1のとおりである。小学校の年級は1900（明治33）年の**小学校令改正**によって4年間に統一される。1907（明治40）年には，6年間となった。1941年には8年間に延長されたが，これは実施されなかった。戦後となり，1947年には，9年間の義務教育が実施され，現在に至っている。

　学制以後しばらく約10年間は翻訳教科書時代と呼ばれ，欧米で使用されていた現地の子どもを対象とした教科書を翻訳したものが中心であった（古川，1973，191ページ）。最初の『小学読本』は，アメリカの『**ウィルソンリーダー**』の直訳の教科書で，「此猫を見よ　寝床の上に居れり　これはよき猫にあらず寝床の上に乗れり　汝は猫を追ひ退くるや。私の手を載するときは，猫の，私を噛むべし」などと直訳調で文語体混じりのものであった（長田，1972，170ページ）。小学校教科書の場合，1881年に開申制，1883年に認可制，1886年に検定制，1903年に国定制となる。ただし修身の教科書は，「『多数ノ教員ノ脳裏ニ一任』するを不可」（古川，1973，195ページ）として，1881年に文部省で編集することとなる。なお**検定制**では，執筆者，執筆内容について検定を受けることで使用可能となるが，**国定制**は，執筆者の選定，作成内容に関して一貫して国が関与する制度であり，後者のほうが国による制約が厳しいものである。

　これら教科書制度が紆余曲折を経て最終的に国定制となった理由としては，

150

第14章 明治維新と教育

表14-1 学齢児童の就学率（明治6～12年） （%）

年次	男	女	平均
明治6	39.9	15.1	28.1
7	46.2	17.2	32.3
8	50.8	18.7	35.4
9	54.2	21	38.3
10	56	22.5	39.9
11	57.6	23.5	41.3
12	58.2	22.6	41.2

出所：文部科学省ホームページ。

図14-6　明治の小学生と大衆文化

出所：渡辺（2007, 133ページ）。

教科書採択に関わる**贈収賄事件**が挙げられる。尾崎によれば，「教科書が府県単位で採択されるのであるから，採択結果は教科書会社によって死活の問題であり，当然，検定制出発当初から府県の審査委員と出版社の間の贈収賄スキャンダルがあり」と述べられている（尾崎，1999, 88ページ）。当時としても教育産業としての教科書会社と，その配当を担う権限をもった当事者との権力関係は，教育的視点による関係というよりは互いの利害や打算により左右されてしまったということができる。よって文部省（帝国議会）はこうした問題点に対応するべく「国定化」を行った。1900年4月の小学校令改正には「小学校ノ教科用図書ハ文部省ニ於イテ著作権ヲ有スルモノタルヘシ」（第24条）とある（尾崎，1999, 88ページ）。

第Ⅱ部　日本の教育制度と教育の歴史

　その後国定教科書は，1910年（合理主義，客観的知識を重視），1918年（明治末期の時代閉塞を反映し，きわめて秩序主義的），1933年（国家主義的，国語教科書で「乃木大将の幼年時代」が収録される），1941年（戦時体制下特有の内容，「カズノホン」でイラスト上の兵隊の人数を算数上の問題として考察させるなどを収録）と大改訂を経験していくこととなる（尾崎，1999，91，102〜105ページ；福田，2017，166，184ページ）。

参考文献

犬塚孝明『森有礼』吉川弘文館，1986年。

ウェーバー，M.，阿閉吉男・脇圭平訳『官僚制』恒星社厚生閣，1998年。

梅溪昇『お雇い外国人』講談社学術文庫，2007年。

尾崎ムゲン『日本の教育改革』中公新書，1999年。

長田新監修『日本教育史』御茶の水書房，1972年。

国立国会図書館デジタルコレクション http://dl.ndl.go.jp/info:ndljp/pid/762832/34
　　（2019年8月28日閲覧）。

福田智弘『100年前のビックリ教科書』実業之日本社，2017年。

古川哲史編『日本道徳教育史』有信堂，1973年。

文部省『学制百年史（記述編，資料編）』帝国地方行政学会，1972年。

文部科学省ホームページ「学制百年史」http://www.mext.go.jp/b_menu/hakusho/
　　html/others/detail/1317552.htm（2019年8月28日閲覧）。

山住正巳『教育の体系』（日本近代思想体系6），岩波書店，1990年。

『読売新聞』「昭和時代　第3部　戦前・戦中期1926〜44年」第19回，2013年7月6日。

渡辺賢二編『広告・ビラ・風刺マンガで学ぶ日本近現代史』地歴社，2007年。

第15章
大正～戦中期の教育

1　大正デモクラシー当時の時代背景

　1912年7月，明治天皇が崩御し時代は大正時代となる。乃木希典夫妻が殉死したことは夏目漱石の作品のなかでも取り上げられ，当時の人々に大きな衝撃を与えた。

　この時期，都市における人口の膨張，労働者人口の増大がみられ，第一次世界大戦（1914年）により経済的な恩恵を被る大戦景気を経験することとなった。明治以来の個人主義や社会主義の発展が著しく，吉野作造（1878～1933）の民本主義は，デモクラシーの訳語ではあったが，明治憲法内での民主主義を目指す限定的な意味での民主主義であった。その意味で大正時代は，戦後の民主主義ではなかったものの，ある意味においては戦後の自由主義的な内容を先取りした時代でもあった。

　世界的にはロシア革命が1917年に起こり，社会主義革命が起こった。その影響を受けて，日本でも，労働者の自覚，農民解放の思想などが促され，社会主義思想や共産主義思想が発展した。また米騒動が日本各地に起こり，普通選挙を要求する講演会などが各地で開かれたが，他方においては治安維持法による思想取り締まりが実施された。

　文化の面においては，西田幾多郎に代表される哲学思想は，日本の教養人に大きな影響を与え，和辻哲郎，阿部次郎，河合栄治郎などの活躍に象徴される教養主義と呼ばれる動向も教員や若者たちに大きな影響を及ぼした。

　また教師の研究活動も活発に行われ，多くの私立学校が創立され，教育実践

153

第Ⅱ部　日本の教育制度と教育の歴史

研究の活動などの業績も残されるようになる。

世界各地の教育思潮の影響

　この頃日本では，海外の最先端の学問を日本社会にいち早く取り入れる動きもみられたが，教育分野についても同様であった。

　第Ⅰ部第9章において取り上げたスウェーデンの女性教育家**エレン・ケイ**は，20世紀最初の1900年に『児童の世紀』を表した。当時，スウェーデンは現代のような福祉国家として有名ではなかった。彼女は学校教育をあまり受けることはなく，新聞への投稿などを行いながら，壮年に至って教育改革への志をもつようになった。すでに岩波文庫でも翻訳がみられる『恋愛と結婚』は，女性による自由恋愛の意義を説くものとして有名であった。また『児童の世紀』においては，「20世紀は児童の世紀である」「教育の最大の秘訣は教育しないことである」というメッセージ性の高い教育主張を展開し，これまでの伝統的な教育観に対して大きな揺さぶりをかけた。

　エレン・ケイのほかマリア・モンテッソリ，ルドルフ・シュタイナー，ジョン・デューイらの新教育を展開する進歩主義的教育者たちの登場が相次いだのはまさにこの時代であり，その世界的な影響を受けて，わが国でも子どもを中心と捉える教育運動が広く認識され受容されることとなった。

2　大正自由教育

　大正自由教育研究の代表的研究者の中野光によれば，「**『大正自由教育』**――必ずしもその呼称は一定しておらず**『大正新教育』**ともいわれるが――とは，主として大正期において，それまでの『臣民教育』が特徴とした画一主義的な注入教授，権力的なとりしまり主義を特徴とする訓練に対して，子どもの自発性・個性を尊重しようとした自由主義的な教育であり，そうした立場からの教育改造が一つの運動として展開されたことから，それはしばしば大正自由教育＝**新教育運動**とも呼ばれている」（中野，1968，10ページ）という。臣民とは

第15章 大正～戦中期の教育

「明治憲法のもとで日本の人民」ということである。彼によれば，梅根悟の研究を引用しつつ，「明治三〇年代にはじまる樋口勘次郎（1871～1917）や谷本富（1867～1946）らの理論と実践こそ，日本における新教育の最初の出発点」（同書，12ページ）と述べている。

　また世界新教育学会（WEF）のホームページによれば，1921年に新教育をテーマにした研究団体がイギリスに設立され，ニール，ユング，モンテッソリ，ブーバー，フロイトなどが参加し，日本からも野口援太郎，小原國芳，羽仁もと子，下中弥三郎らが参加した。

　この大正自由教育の教育活動の特徴の一つに，**八大教育主張**がある。これは1921（大正10）年の８月１日から８日まで東京で開催された子ども中心の教育理論や子どもの活動や自発性を重んじた教育理念を披露した講演会のことである。講演者と題目は以下のとおりである（同書，146～148ページ）。

① 自学主義教育の根底　　樋口長市
② 自動主義の教育　　　　河野清丸
③ 自由教育の真髄　　　　手塚岸衛
④ 衝動満足と創造教育　　千葉命吉
⑤ 真実の創造教育　　　　稲毛詛風（稲毛金七）
⑥ 動的教育の要点　　　　及川平治
⑦ 全人教育論　　　　　　小原國芳
⑧ 文芸教育論　　　　　　片山伸

　中野は「この講演会は雑誌『教育学術界』（主催尼子止）の主催によるものであったが，会場の定員2000名のところに当日までに5500名にのぼる申込者があり，講演記録集『八大教育思潮』は，1922年（大正11年）１月に初版を出してから約２年後の24年（大正13年）に至るまでのあいだに10回もの版を重ねた」と述べている（同書，147ページ）。

第Ⅱ部　日本の教育制度と教育の歴史

沢柳政太郎の教育思想

　この時代，大正自由教育を牽引した代表者，文部官僚，民間の教育家として
活躍した人物に沢柳政太郎（1865～1927）がいる。彼は長野県生まれで，帝国
大学（現：東京大学）で教育学を学び，岡田良平（文部大臣，軍事教練を導入），
上田萬年（国語学研究の代表の一人），清沢満之（宗教家）らと交流を深めた。彼
の教育上の業績はいくつか挙げられるが，1900（明治33）年の小学校令改正で
の尽力は，「普通教育制度史上（中略）不滅の記憶をとどめるものである」と
され（新田，2014，74～75ページ），義務教育期間の延長（3年から4年へ），義務
教育期間の授業料の徴収を撤廃し，公費によるものとすることなど，初等教育
に大きな改革を果たしたことが挙げられる。また東北帝国大学，京都帝国大学
の総長としてその調和的手腕が期待された（後，沢柳事件が起こる）。彼は海外
の教育事情にも精通し，翻訳活動や著作活動，講演活動を行った。文部官僚を
辞して以降，**成城学園**の運営にあたった。

　新教育運動との関連でいうならば，秘書の長田新（後の日本教育学会会長，ペ
スタロッチ研究者），小原國芳（主事，後の玉川学園創設者）とともにこの成城学園
の運営にあたり，さまざまな改革を実践していった。沢柳は，文部省からの依
頼によって，欧米の教育状況の視察の団長（欧米教育状況視察団）としてヨーロ
ッパとアメリカを1年かけて視察した。アメリカ訪問の際，先にも触れた（第
Ⅰ部第9章）アメリカの新教育運動家ヘレン・パーカストの活動を知った。パー
カストは，アメリカの街ドルトンにおける教育実践を展開し，『ロンドンタイ
ムズ』という雑誌が特集を取り上げるほど，当時世界的によく知られた人物で
あった。彼は，彼女を日本に招聘した。訪日中，彼女は，日本各地で講演を行
い，その通訳を担当したのが小原が誘った赤井米吉であった。成城学園での講
演はもちろん，この講演活動は非常な好評を得，従来の教育観に変化を促すこ
ととなった。

　沢柳は，成城学園を法人化するよう努力した。彼の教育モットーは「沢柳教
書」と呼ばれ，以下の要点にまとめることができる（同書，194～197ページ）。

第15章　大正〜戦中期の教育

　人生は真善美を理想とすると云われている。……私は学校では比較的よく
この理想が実現されると信じている。……学校では必ず道理が守られなければ
ばならない。もし校長か主事か教師が道理に背くことがあったら誰でもそれ
を非難してよい。デモクラシーの世界では多数であることが力である。しか
し多数は必ずしも道徳でないし道理でもない。……学生は真理と道徳とを尊
重し，……誰であっても道徳と信じ道徳と考えることはどこまでもしっかり，
勇気をもって主張すべきである。……我が校では従来生徒の成績の優劣や席
次を決めるための試験というものをおこなわなかったし，将来もおこなわな
い。但し，生徒の学習成果を確める為に試験をすることは必要で，教師の授
業上の工夫がどの程度成功したのかを確認するのにおこなう場合がある。
……最後に美について述べるならば，美は美術や音楽や文学ばかりが美では
ない。お互の生活が美的であらねばならぬ。発する言葉，挙動に品格が伴わ
ねばならない。

　彼はこのように成城高等学校の入学式（大正15年）で述べ，当時認可された
数少ない私立の7年制高等学校（当時，小学校を卒業後大学までに7年を要した）
での確固たる教育方針を披露している。代表的著作としては，『実際的教育学』
があり，当時の教育界を批判した内容で，その反論に対しては丁寧に反論した
といわれている（新田，2014，93〜95ページ）。そのなかでは「私が見る所では教
育学は他の科学に比べて最も幼稚なものだと思う。……科学的な価値ある研究
は全く見当たらない。その上教育学は相変わらずほとんど昔のままの考え方を
守り続けている」（同書，94ページ。新田氏による意訳）と指摘している。

赤井米吉の教育活動

　赤井米吉（1887〜1974）は，明星学園小学校の設立者であり，この学校はの
ちに照井猪一郎，照井げん，山本徳行によって運営された。彼らはいずれも
パーカーストの思想に共感した教育者であった。先に触れたように，赤井は
パーカストが日本在中に通訳として，また1913年には『ダルトン案の理論と実

157

際』を翻訳した（ダルトン案はドルトン案ともいう）。同じくパーカストが実践していたアメリカでの児童大学をまとめた『児童大学の実際』などを残している。それ以外にも『学校教育の民主化』という著作がある。

自由学園と羽仁もと子

羽仁もと子（1873～1957）は，青森県八戸市生まれで，日本最初の女性記者であった。新聞社で羽仁吉一と出会い結婚，退社後『家庭之友』を創刊，後に『婦人之友』となる（1908年）。家計簿の発案者でもあり，モットーは「思想しつつ，生活しつつ」であった。

キリスト教思想を採用した学舎の「**自由学園**」（1921年）は，大正時代を代表する私立学校となった。学校の名称は，新約聖書のヨハネによる福音書（「真理は汝らに自由を得さすべし」）に由来する。十数年のちの1922年には有名なフランク・ロイド・ライトによる設計で校舎（東京・雑司ヶ谷，現在は久留米市に学園が移設）が建てられた。初等部，男子部，最高学部（大学）などを創設したユニークな教育編成を行い，創立以来，「生活即教育」を挙げ，民主的な教育活動，労働，食育，農業などを通した生活教育にも重点を置いている。「自由学園には先生はありません。大人も子供も皆お互いの長所を学びましょう。ただ一人ここに変わることのない先生があります。それはキリストです」（唐沢，1984，427ページ）。

図15-1　羽仁もと子

図15-2　小原國芳

小原國芳と玉川学園

小原國芳（1887～1977）は，鹿児島県生まれで，広島師範大学，京都帝国大学で学ぶ。沢柳政太郎が創設した成城学園の運営に尽力し，のちに**玉川学園**を創設した。彼は教育者として非常に魅

力的な人物で活動の人でもあり，その実体を彼の数多くの著作から知ることができる。多くの教育的業績を残しているが，『全人教育論』『母のための教育学』など，彼の鋭く深い人間観に基づく教育論が展開されている。

人間教育の目的は，人間活動の本質的価値と手段的価値とに関わる真・善・美・聖・健にあるとし，真善美は本質的価値，聖健は手段的価値であるとする。それぞれの価値に対応した学的領域が学問，道徳，芸術，宗教，経済である。また全人という言葉を教育理想に掲げ，のちにこれが教育用語として全人教育として一般化したのも彼の業績である。

西村伊作と文化学院

西村伊作（1884～1963）は，和歌山県新宮市生まれで，山林を所有し管理する素封家の一族であった。建築，絵画，芸術を愛する活動家としても著名で，叔父にあたる大石誠之助はアメリカ帰りの医師で先進的な視点をもった人物として伊作にも大きな影響を与えた（後に大逆事件に関与し処刑される）。新宮と東京との往復のなかで，著名な文化人との交流がなされ（谷崎潤一郎，北原白秋，菊池寛，石井柏亭（画家），与謝野鉄幹・与謝野晶子夫妻，河崎なつなど），当時の高名な文化人が後の文化学院の教学部門に協力することとなる（石井柏亭，河崎なつとは対立し，後に二人は辞職）。東京の神田駿河台に1921（大正10）年4月に**文化学院**を創設することになるが，校長が西村伊作，学監**与謝野晶子**，石井柏亭，主任河崎なつ，日本文学顧問与謝野寛，音楽および舞踏顧問山田耕筰であった。河崎は専任教師で，ほかは時間勤務に近いものであった（黒川，2011，117ページ）。

文化学院は，「コテージ風の中央の校舎の一階と二階に，一つずつ教室が設けられ，前の壁面には黒板があったが，教壇はない。生徒の机は，二人掛けと四人掛けの二種類。厚手の一枚の板の下に，もう一枚，本などを置くための板を渡した簡素なものだが，板の厚み，角のわずかな丸みのつけ方などに，心が配られているのがわかる」（同書，138ページ）と評されているように，教員の豪華さもさることながら，教育施設としての学校はこじんまりとしていてかつ上質なものを備えていた。彼の教育に対する考えは，「小さくてもよいものを，

第Ⅱ部　日本の教育制度と教育の歴史

図15-3　雑誌『赤い鳥』

高価なものよりも美しいものを」であった。
　夫人の西村光恵も『愛らしい子供服』（1922年）を出版し，子どもにとっての洋服の自由さを遊びや日常生活と結びつけた子ども服創作の楽しみを説いている。

鈴木三重吉と雑誌『赤い鳥』

　鈴木三重吉（1882〜1936）は，広島県生まれで，東京大学で学ぶ。夏目漱石（1867〜1916）と出会い，漱石門下ともいわれる。自身の娘の教育に際して，既存の童話があまりにも教訓譚や娯楽に偏っていたため，それに代わる作品がないかどうかを思案して夏目漱石に相談したところ，現代にも馴染み深い作家たちが賛同し協力してできあがったのが，雑誌『赤い鳥』であった。収録されている代表的な作品としては，芥川龍之介の『蜘蛛の糸』『杜子春』，北原白秋の『湖水の女』，西条八十『カナリア』，新美南吉の『ごんぎつね』などがある。

そのほかの活躍者たち

　野口援太郎（1868〜1942）は，日本のペスタロッチともいわれ，兵庫県第二師範学校（姫路師範）の校長となる。自治自由を教育モットーとして，寄宿舎を設ける。東京の池袋に児童の村小学校を創設する（現：城西学園）。この学校は大きな関心を呼び，関西やそのほかに同類の学校（櫻井祐男が代表の御影児童の村小学校，芦屋児童の村小学校，上田庄三郎が代表の雲雀ケ丘児童の村小学校）が創設されるようになるなど，影響力をもった。
　池袋児童の村小学校の教育モットーは，天分の伸長，個性の尊重，自発活動の尊重であった。この学校の創設運営に協力したのが，出版社の平凡社を創設し，啓明会という初めての教員組合を結成した下中弥三郎（1878〜1961）であった。

第15章　大正〜戦中期の教育

　文芸や芸術の分野でも特徴的な発展がみられた。信州出身の**山本 鼎**（1882〜1946）は，先に触れた石井柏亭らと雑誌を刊行したり，版画協会を創設するなど芸術活動を展開する一方，**自由画教育運動**を展開した。学制以来，既成の教育，官製の教育が浸透していた教育界においては，芸術分野においても同様の状態であった。芸術分野では，そのことを臨画主義といい，山本はこれに対して子どもたちの自発性，自然に内在する能力を信じ，自然や感情を表現することを目指した。こうした彼の教育観は，信州の教師たちや白樺派を信奉する教師たちを中心に影響力を与えた。

　文芸の分野では，**綴り方教育運動**が挙げられる。その代表者である兵庫県出身の**芦田恵之助**（1873〜1951）は，従来の作文指導に疑問を抱き，自由作文・綴り方教育を提唱し，生活を文章化することを目指した。これはそれまでの教師があらかじめ題目を与えて，形式を重んじた指導を行ってきたことに対し，子どもが喜んで作文を書かない現状に日々悩み，自由に書かせることを試行したところ，たくさんの独自性のある作文を書き残すようになったことが機縁とされている。兵庫県姫路出身の哲学者和辻哲郎は，この指導に学んだといわれている。

　また童話雑誌など，子どもからの投稿が収録されたものが登場し，一つのブームとなった（綴方教室）。ちなみに戦後では，**無着成恭**（1927〜）の『山びこ学校』が東北の農村部の子どもたちの生活を収録した作文教育として有名となる。

　その他，教育実践研究として著名なものは，奈良女子高等師範の指導主事の**木下竹次**（1872〜1946）の「合科授業」の試みや，**及川平治**（1875〜1939）の明石女子師範学校での実践などが挙げられる。

3　臨時教育会議

　臨時教育会議は，1917（大正6）年に設置された寺内正毅内閣直属の教育諮問機関であった（一部は建議も行う）。**諮問**とは，行政機関が自ら政策決定を担

161

第Ⅱ部　日本の教育制度と教育の歴史

うのではなく，部外の専門家等に検討を委託し，意見を聞くことである。その結果，まとめられた案が**答申**である。これは政策決定を独断で行うことを回避し，民主的に政策決定を進めるねらいから生まれたものである。臨時教育会議の目的は，国体の精華の宣揚（世の中にはっきり示すこと）で，対象は，小学教育，高等普通教育，大学教育および専門教育，師範教育，視学制度，女子教育，実業教育，通俗教育，学位制度の九つであった。19年以降実施された教育制度の改善は，すべて臨時教育会議の答申に基づいている。

　臨時教育会議では，高等学校の改革と大学への接続の問題が懸念とされ，その結果，1918（大正7）年**高等学校令**が公布されることとなった。また高等教育の量的充実を目指し，1918年に帝国大学令を廃止して，**大学令**が公布された。このことにより，多くの私学の専門学校が大学に昇格することとなった。また，兵式体操も臨時教育会議で建議され，可決された。

4　戦時体制下の教育

　1938（昭和13）年には，ナチスドイツがオーストリアを併合し，チェコスロバキアを解体させ，ポーランドに侵攻した。イギリスとフランスはこれに対し，ドイツに宣戦し，第二次世界大戦が始まる。人々の暮らしにおいても，戦時体制下の準備がされていくこととなる。国民を統制する組織として大政翼賛会が組織され，「欲しがりません勝つまでは」「足らぬ足らぬは工夫が足らぬ」などの喧伝が行われ，配給制など生活を統制する動きがみられるようになる。

　1935（昭和10）年に**青年学校令**が出されている。これは小学校卒業後の勤労青年を対象とした学校のことで，普通教育・産業教育・軍事教育を施すものであった。戦後1947（昭和22）年に廃止されるまで，軍事教練を重視した学校として存在した。

　学校教育も1941（昭和16）年に，それまでの小学校を改め，戦時体制への学校教育としての対応を行うべく**国民学校**（初等科6年，高等科2年）として様変わりする。**国民学校令**によれば，その目的は，「国民学校ハ皇国ノ道ニ則リテ

初等普通教育ヲ施シ国民ノ基礎的錬成ヲ為スヲ以テ目的トス」とある。この法律には，道徳教育や国民教育は削除され，皇国民に必要な資質を五つに分け，それらが教科（国民科，理数科，体練科，芸能科，実業科）としてあげられた。国民学校は1947年に廃止された。

1943（昭和18）年には，**中等学校令**が公布された。この学校は「皇国ノ道ニ則リテ高等普通教育又ハ実業教育ヲ施シ国民ノ錬成ヲ為スヲ以テ目的トス」るものであった。修業年限は4年を原則とした。使用の教科書は，国定教科書を原則とした。

5　学徒出陣と疎開

満州事変以降，慢性的な兵隊不足を補うため，下級士官の候補として，学生を目当てとすることになる。それまで徴兵猶予が認められてきた方針に対して，東条英機は「国内態勢強化方策」を定め，1943年に勅令によって理工系，医学，教員養成以外の大学，高等専門学校の猶予を廃止することとした。同年12月に学徒兵入営（陸軍，海軍）が行われた。

それに先だって，同年10月に明治神宮外苑において，**学徒出陣**壮行会が行われた。約二十数万人の学徒兵は，中国大陸，南方戦線，南太平洋などの前線に送られ，多くの戦死者を出した（電子辞書版『日本大百科全書』）。

戦時体制下においては，学童疎開も展開された。**疎開**とは，国民学校に在籍する子どもが地方に退避し，共同生活をしながら学習活動を行うことである。戦争の難を避けるということを第一の目的とされるが，物資が限られた都会ではなく，田舎に退散することでその被害を緩和させ，子どもだけでも生活を行うことができるようにする目的でもあった。当初は縁故を中心として促されたが，縁故疎開できない児童に対しては，集団（学校単位）で疎開を行うことができるようにした。

疎開先には寺院などが選ばれたが，疎開先でも被災する者がいたり，帰郷後保護者が被災していなくなり浮浪児として生活するものも存在した。学童疎開

第Ⅱ部　日本の教育制度と教育の歴史

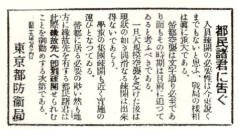

図15－4　学童疎開を促す新聞上の告知
出所：渡辺（2007，202～203ページ）。

船「対馬丸」の撃沈は1944年に沖縄から熊本宮崎大分に疎開した学童たちが移動の際に見舞われた悲劇である。

　1945（昭和20）年，8月6日に広島に，8月9日には長崎に原子爆弾が投下され，多数の犠牲者を出した。8月14日には御前会議でポツダム宣言受諾が決定され，8月15日には敗戦を迎えることとなった（正式調印日は9月2日）。

参考文献
円地文子監修『教育・文学への黎明』（人物日本の女性史12），集英社，1978年。
小原国芳『全人教育論　思想問題と教育』（小原国芳選集3），玉川大学出版部，1980年。
大槻宏樹「臨時教育会議」『カシオ電子辞書版　日本大百科全書』。
唐沢富太郎編著『図説教育人物事典』（上中下），ぎょうせい，1984年。
黒川創『きれいな風貌——西村伊作伝』新潮社，2011年。
中野光『大正自由教育の研究』黎明書房，1968年。
新田義之『沢柳政太郎——その生涯と思想』本の泉社，2014年。
広岡義之編『教職をめざす人のための教育用語・法規』ミネルヴァ書房，2012年。
文部科学省「学制百年史」http://www.mext.go.jp/b_menu/hakusho/html/others/detail/1317552.htm（2019年7月7日閲覧）および http://www.mext.go.jp/b_menu/hakusho/html/others/detail/1318045.htm（2019年8月21日閲覧）。
吉村徳蔵「学徒出陣」『カシオ電子辞書版　日本大百科全書』。
『読売新聞』「鈴木三重吉　娘の未来へ『赤い鳥』羽ばたく」2010年10月3日，日曜版。
『読売新聞』「昭和時代　第3部　戦前・戦中期1926～44年」第19回，2013年7月6日。
渡辺賢二編『広告・ビラ・風刺マンガで学ぶ日本近現代史』地歴社，2007年。

第16章
戦後の教育

1 戦後の教育政策

占領軍の管理政策

1945（昭和20）年，日本は敗戦を迎えた。**連合国軍総司令部（GHQ）** による
日本占領政策が始まったが，東久邇宮稔彦を首相とする戦後最初の内閣が誕
生し，学校教育は戦後2週間にして授業の再開がなされた。

GHQ は民主化指令を出す一方，次の総理大臣である幣原喜重郎に対して五
大改革指令を出した。五大改革指令とは，婦人解放，労働組合結成，教育自由
主義化，圧政的諸制度廃止，経済民主化である。

これとは前後して，戦後の新たな日本社会を形成するため，GHQ は日本政
府に対し，憲法改正の指示を与えた。日本政府は憲法問題調査委員会を設置し，
民間団体や各政党は憲法草案を発表した。第一次吉田内閣のもと，1946年11月
3日，**日本国憲法**は公布された。日本国憲法は国民主権，基本的人権の尊重，
平和主義を三原則として，さらには，権力分立，福祉国家，地方自治，国際協
調等の諸原理も踏まえられ，全103条から成り立つ最高法規則とされ，1947年
5月3日に施行された。

1948年，教育行政の地方分権化を促進するため，教育委員会法が公布され，
中央教育行政機関としての文部省（1871年創設）とは別に，地方教育行政機関
としての**教育委員会**がここに登場することとなる。教育委員会法においては教
育委員は公選制であった。公選制とは，各委員が住民の直接選挙によって決定
される制度のことである。だが，公選制のあり方が問題とされ，「地方教育行

165

第Ⅱ部　日本の教育制度と教育の歴史

政の組織及び運営に関する法律」が1956年6月に公布され，教育委員の選出方法は任命制となり，9月には教育委員会法は廃止されることとなった。任命制とは，地方公共団体の長が議会の同意を得て，教育委員を任命する制度のことである。

アメリカ教育使節団とその役割

　GHQ は戦後日本の教育政策について教育の民主化の勧告のため**アメリカ教育使節団**を要請した。アメリカ教育使節団は，20世紀のアメリカの，ジョン・デューイに代表される進歩主義教育の影響を受けた学者たち27名でもって構成され，団長をストッダート（イリノイ大学名誉総長）とし，戦後の日本の民主的な教育制度の勧告のために来日した。これに先立って GHQ は日本側にアメリカ教育使節団を迎え入れる体制づくりを求め，南原　繁（1889～1974）をはじめとする官民の教育家29名をもって教育家委員会として日本側はこれを迎えることとなったが，教育家委員会はのちに**教育刷新委員会**へと改組された。

　アメリカ教育使節団の役割は，四部門にわたる調査・研究を進め，これに基づいて報告書を日本側に提出することであった。その四部門とは，(1)教科ならびに教科書の作成，(2)教師教育の研究，(3)教育行政，(4)高等教育であったが，その結果提出された報告書は，民主主義的教育理念と個人主義的教育理念に裏づけられた教育目的，教育内容，国語教育の改革，初等教育および中等教育における教育行政，授業および教師養成教育，成人教育，高等教育等の内容を含むものであった。戦前において展開されてきた中央集権的な教育制度を改め，暗記中心的な教育目的や画一化，義務と忠誠の縦の関係を強調する教育方法が改善され，人格の発達・民主主義的で市民精神の権利と責任を推奨するように変更されるべきであると強調されている。

　アメリカ教育使節団のもう一つの役割は教育基本法の審議にあたったことであった。終戦後当時，GHQ は教育改革指令を行い，軍国主義や超国家主義に通ずる教育を禁止し，また職業軍人や国家主義者らの教師を教育の場から追放した。同時に，修身・日本歴史・地理の授業を停止し，軍事を思わせる内容を

墨で塗り潰した**墨塗り教科書**が子どもたちの教科書となった。当時，非常に急激な教育改革を日本は経験したが，教育指導者のなかにはとまどいを感じる者も少なくはなかった。

　憲法改正に伴って，日本には新教育のあり方が求められていたが，アメリカ教育使節団は，軍国主義教育を追放して新たな民主主義的教育を推進するために，明治以来の教育勅語は新教育のあり方と相反するものと捉えていた。一方，教育刷新委員会の内部においては，終戦直後の混乱期において個人主義を全面的に出すことには慎重な意見もみられた。

　この時以降アメリカから移入されたものとしては，PTA制度，教育委員会制度，社会科，ホームルームなどがあり，給食制度もアメリカの団体（ララ基金）による支援によって開始された。

教育法規の制定

　教育刷新委員会はアメリカ教育使節団からの民主主義的教育の実現への提案を受けたが，戦後の日本社会を創造してゆくなかで新教育が目指すべきものとして，個人尊重の教育と公共性を重んじる社会性等の問題について慎重に審議を重ねて新教育法の草案を作成し，1947（昭和22）年3月に国会において**教育基本法**は成立した。第一次吉田内閣の高橋誠一郎文部大臣は，教育基本法を教育宣言とも教育憲章とも主張しうるものであるとし，実質的には教育に関する根本法であって，教育に関する諸法令がこれに基づくものであるとも指摘している（長田，1972，292ページ）。

　教育基本法は，教育の目的，教育の方針，教育の機会均等，義務教育，男女共学，学校教育，社会教育，政治教育，宗教教育，教育行政，補則の全11条から成り立ち，また三つの段落から成り立つ前文も附されていた。

　前文は一般の法律では異例とされ，教育基本法以外には日本国憲法が前文をもちあわせている。教育基本法の前文においては，日本国憲法の「民主的で文化的な国家を建設」して，「世界の平和と人類の福祉に貢献」しようとする決意とその実現を「教育の力」に待つと示している。さらに「個人の尊厳」を重

第Ⅱ部　日本の教育制度と教育の歴史

んじ，「真理と平和を希求する人間の育成」が期待され，「普遍的にしてしかも個性ゆたかな文化の創造をめざす教育」を徹底しなければならないと記されている。

教育基本法において戦前の教育とは異なって新たに規定されたのが，**教育の機会均等，男女共学，義務教育９年制**であった。また強調されている点は，戦前の教育は臣民の義務，国家にとって有用な人材の育成であったのに対して，「人格の完成」ということである。なお，1948年６月には教育勅語の失効を衆参両院は決議し，学校の勅語謄本は回収されることとなった。

この教育基本法は，2006（平成18）年12月に新たに改正されるまで，教育の基本的な法律として日本の戦後の教育理念の支柱となった（なお，改正教育基本法については本書の第Ⅱ部第17章を参照のこと）。

2　単線型学校体系

六・三制義務教育

近代の教育制度は，一部の国を除き**単線型学校体系**で構成されている。これは教育の機会均等と関係がある。旧教育基本法第３条（教育の機会均等）「すべて国民は，ひとしく，その能力に応ずる教育を受ける機会を与えられなければならないものであつて，人種，信条，性別，社会的身分，経済的地位又は門地によつて，教育上差別されない」とあるが，教育を受ける権利を保障するものとして教育制度の充実が挙げられる。

戦前，日本の教育制度は分岐型学校体系であったが，これは第Ⅰ部第11章でも触れられているように，明治の近代学校教育制度が整備されたときにわが国において出現した。この分岐型学校体系を徹底的に推し進めた教育システムが**複線型学校体系**である。

複線型学校体系は，ヨーロッパの上流階級の学校体系に端を発し，上流階級の子弟のための学校（例：大学）を頂点とする学校体系と，それ以外の学校体系（庶民階級のための学校）とに歴然と区別されるものである。このシステムは

168

目的，内容において関連がなく，一度ある進路に進むと基本的には変更ができない，あるいは学習者の社会的，経済的見地から選択の余地がなく，すでに決定されている閉鎖的な教育体系である。

　これの改良型が分岐型学校体系である。これは学習者各自が共通の基礎学校を経て，その後に複数の種類の学校が設置されているなかで教育目的に応じて進むべき学校が選択されるというものであり，近代ドイツにその源を有している学校体系である。20世紀初頭のドイツにおいてワイマール憲法制定時に，初等教育段階である基礎学校（グルントシューレ）とその後，ギムナジウム（大学進学者のための学校），実科学校（中級技術者を目指すための学校），ハウプトシューレ（就職を目指す学校）のいずれかに進学する制度が典型的な事例である。この場合，初等教育段階においては社会的身分や経済的見地からの影響を受けないというメリットと，後半の各学校進学後の進路変更はできないというデメリットをあわせもつ制度であった。

　さらにこれら二つの学校体系の欠点を，教育の機会均等の観点から修正した教育制度が単線型学校体系である。これはアメリカにおいて発達してきた制度であるといわれ，初等教育から就学を重ねるに従って一つのレールの上を進む制度である。この場合，家庭の経済的状況や社会的状況とは無関係に，すべての学習者が平等に学校教育を受けることが制度的に可能である。

　日本の場合，近代以前のように，性別や能力，進路の相違によって多岐的に分類されていたため，複線型学校体系を採用していた。

　しかし，戦後，民主的な教育と教育の機会均等を制度的に保障するための単線型学校体系（一部は明治以降に）が新たになされた。

3　教育制度の改革

終戦から1940年末まで

　1946（昭和21）年に日本国憲法が公布され，同年に第一次アメリカ教育使節団が，戦後の新しい教育政策を提示するため来日したことは先において触れた。

第Ⅱ部　日本の教育制度と教育の歴史

翌年1947年には教育基本法，**学校教育法**が公布された。教育基本法は，9年の義務教育，男女共学，教育の機会均等，**6・3・3・4年制**の単線型学校体系等の新しい教育制度概念を提示したものであったが，戦後の日本教育制度を新たにするものとして歴史上位置づけられている。学校教育法は日本の6・3・3・4年制の学校制度の基準を定めたものであり，小学校，義務教育学校（後に追加），中学校，高等学校，中等教育学校（後に追加），大学，高等専門学校（後に追加），特別支援学校（盲学校，聾学校，養護学校を総称し変更された），幼稚園，専修学校（後に追加）について規定された（現在では，義務教育学校，中等教育学校が追加されている）。

　1947年には，**学習指導要領**が**試案**として発表されて教員の手引きとされた。これは戦前の教則や教授要目とは異なり，法的には拘束性をもたず参考とされるものであった。戦前の教育と異なる点は，小学校・中学校の場合，修身・公民・地理・歴史がなくなり**社会科**が新設されたこと，家庭科が内容を改められて登場したこと，自由研究の時間が設けられたこと等である。主として経験主義的学習内容が豊富であったことが特徴でもあったが，これは戦前の暗記中心主義に代わる子どもの発達段階を前提とした教育観として広く歓迎された。しかしこのことは学力低下を引き起こし後には批判されてゆくこととなった。同年，教職員の労働組合である**日本教職員組合**（**日教組**）が結成された。

　1948年には，**教育委員会法**が公布され（既述），教育の地方自治に基づく地方教育行政の充実が目指されることとなった。

　翌年1949年には，**社会教育法**が公布された。社会教育法は「国民の教育を受ける権利を，広く学校以外の分野においても保障し，国民の自己教育・相互教育の発展をはかるための国・地方自治体の責務を明確にしたもの」（解説教育六法編修委員会，2018，458ページ）とされ，戦後の日本社会に初めて国民主体となって推進してゆく社会教育の目標が定義された点で画期的であった。だが教育使節団が提唱していた図書館，博物館中心の成人教育の理念を推奨する具体策はなされなかった。

170

第16章 戦後の教育

1950年代の教育制度の状況

第一次アメリカ教育使節団の訪問（1946年3月）に続き，1950（昭和25）年には，第二次アメリカ教育使節団（5名）が来日し，GHQの教育政策の再検討を行った。当時の国際状況としては米ソの冷戦構造を背景として1950年に朝鮮戦争が勃発し，日本は徐々に経済が好況しつつあった。1951年にはサンフランシスコ平和条約が締結され日本の主権が回復し，日米安保条約が締結されることとなった。1950年の就学率についてみてみると，学齢児童については99.64％，学齢生徒については99.20％で，高等学校等への進学は42.5％であった。

GHQは当初，労働組合を推奨していたが，このこともあって日教組が結成されたことは先に述べた。1952年には日教組は**「教師の倫理綱領」**を発表し，「教師は平和を守る」「教師は労働者である」など10項目を宣言したが，前者は市民的な平和活動等として影響を与えるとともに，後者は従来の教師が聖職であるとする考えを捨て去り，労働者としての権利を宣言するものであり，多くの議論がなされることとなった。同年**中央教育審議会**が設置され，わが国における教育政策決定の諮問機関としての役割を果たすこととなる。

続く1954年には**教育二法**が成立した。教育二法とは「義務教育諸学校における教育の政治的中立の確保に関する臨時措置法」および「教育公務員特例法の一部を改正する法律」の二法のことであり，高まりつつあった教員の政治的活動の抑制を目指した法であった。このような国による管理が以後，引き続きなされた（尾崎，1999，185～186ページ）。

与党は，教育三法（「臨時教育制度審議会設置法」「地方教育行政の組織及び運営に関する法律」「教科書法」）の可決を目指したが，国家が教育を管理するという理由で世論から批判があり，「地方教育行政の組織及び運営に関する法律」（地教行法）のみが成立した（1956年）。地教行法が従来の教育委員会法と異なった点は，教育委員の選任は地方公共団体の長が議会の同意を得て任命することであった（教育委員会法では直接選挙による選出）。また中央教育行政と地方教育行政の関係性が強化され，地方教育行政の裁量権を縮小させ，地方教育行政の原則

171

第Ⅱ部　日本の教育制度と教育の歴史

を大きく後退させたともいわれた。

　1956年，日本が**国際連合**に加盟し，国際社会の一員として世界の仲間入りを果たした。

　1959年には，「**児童の権利宣言**」が国際連合において採択され，わが国においては同年12月に参議院でこれの決議が行われた。前年の1958年には学習指導要領が改訂告示された。この時の改訂においては1957年版の学習指導要領に対して，学習内容の系統性が問題とされたのに対処して，地理・歴史等において系統的に教授することが求められ，また学校教育法施行規則が改正され学習指導要領は教育課程の基準的性格を強め，法的拘束力を有するようになった。1957年には道徳の時間の特設が決定され，翌1958（昭和33）年から道徳教育が実施されることとなった。

1960年代の教育制度の状況

　尾崎ムゲンは「一九六〇年代，七〇年代は『**教育爆発の時代**』」と述べている（尾崎，1999，206ページ）。1956年次経済報告において「もはや戦後ではない」と指摘されているように，日本経済は，続く1960年代に飛躍的な成長を成し遂げた。日本社会は，1955年から1970年の間には神武景気，岩戸景気，オリンピック景気，いざなぎ景気を経験し，これらの景気動向をもって高度経済成長期といわれ，1964年には東京オリンピック，東海道新幹線開通等日本社会が全体として豊かさを実感したといわれている。

　1966（昭和41）年には中教審答申「**期待される人間像**」が出された。「期待される人間像」は「当面する日本人の課題」と「日本人にとくに期待されるもの」の二つの主題から成り立っていた。「期待される人間像」の内容はいずれも戦前の教育思想を想起させると理解され，多くの議論を起こすこととなった。

　しかしながら日本社会の一部には1955年以降に**教育投資論**が主張され，**池田勇人**内閣の所得倍増計画等の経済政策と経済界からの教育業界への要請は，60年代になっても継続され（「国立工業教員養成所の設置等に関する臨時措置法」公布（1961年），池田勇人首相「人づくり政策」演説（1962年），経済審議会答申「経済発展

における人的能力開発の課題と対策」，理科教育および産業教育審議会答申「高校における職業教育の多様化について」(1967年))，このような風潮が1960年代後半まで継続した。

　1961年には**高等専門学校**が学校教育法第1条に**一条校**として加えられた。一条校とは，学校教育法第1条に挙げられる学歴付与機関であり。正系の学校ともいわれるものである。2018年11月現在では，9種の学校がある。

　おりしも先の1950年代の後半の**スプートニク・ショック**に象徴される資本主義国の科学的優位という幻想は，現実問題としての科学教育の重点化（アメリカの国防教育法）と能力主義再編成を図る新たな教育政策の方向性をとることとなった。スプートニクとは1957年10月4日に史上初めて打ち上げに成功したソ連の人工衛星の名称である。この出来事を受けてわが国においても，同様の教育政策上の方向転換がなされることとなった。すなわち，経験主義的教育観から系統主義的教育観への移行であったが，この傾向は以後，経験から系統へ，系統から経験へという具合に，日本の教育界においては循環的に見出されることとなる。

　学習指導要領の改訂が1968年（小学校），1969年（中学校），1970年（高等学校）にそれぞれなされたが，教育内容の現代化が掲げられ，教科内容も増えた。この頃，各学校での総授業時数は，ピークを迎えた。

　なお，1963年に**「義務教育諸学校の教科用図書の無償措置に関する法律」**が制定され，「義務教育諸学校の教科用図書を無償」（第1条）とし，「国は，毎年度，義務教育諸学校の児童及び生徒が各学年の課程において使用する教科用図書……を購入し，義務教育諸学校の設置者に無償で給付」（第3条），設置者はこれを「それぞれ当該学校の校長を通じて児童又は生徒に給与する」（第5条第1項）とされることとなった。

1970年代の教育制度の状況

　学習指導要領の改訂が1977（昭和52）年（小学校，中学校），1978年（高等学校）においてそれぞれなされたが，先の1968年の改訂のあり方とは反対に，「ゆと

第Ⅱ部　日本の教育制度と教育の歴史

り」と「精選」が強調されて，学習内容と授業時数の削減が示された。

　1979年には**養護学校義務教育制**が実施された。盲・聾学校については1948年
度より義務化がなされていたが，養護学校については見送られていた。これま
で知的障害・肢体不自由・病弱虚弱の子どもたちの就学は拒否されていたが，
養護学校義務化を推進する運動がなされた結果，養護学校義務教育制が実施さ
れるに至り，1970年代後半まで1万人以上にも達していた不就学学齢児童生徒
が1980年代には2000人前後にまで急減したという（長尾，2004，36ページ）。

1980年代の教育制度の状況

　義務教育標準法（公立義務教育諸学校の学級編制及び教職員定数の標準に関する法
律）が1980（昭和55）年に改正された。この法律は公立の義務教育諸学校の学
級規模と教職員の配置の適正化を図るために，学級編制と教職員定数の標準に
ついて定めたものである。公立小，中学校等の学級定員の標準は，同法第3条
第2項によれば，同学年の児童・生徒で編制する学級の場合40人を基準として
いる（小学校第一学年は35人）。

　ただし，2001年から「学級の弾力的編制」が可能となり，「都道府県の教育
委員会は，当該都道府県における児童又は生徒の実態を考慮して特に必要があ
ると認める場合については，この項本文の規定（＝40人学級）により定める数
を下回る数を，当該場合に係る一学級の児童又は生徒の数の基準として定める
ことができる」（第3条第3項）と付加されて，40人以下の学級編制が可能とな
った。

　また1980年代前半において，校内暴力，家庭内暴力が頻発し，青少年問題委
員会は答申「青少年の非行等問題行動への対応について」（1982年）を出した。
その当時を振り返る新聞記事によれば，「荒れる子供たち」「1980年代，子供た
ちが荒れた。生徒たちの暴力が教師に向かうケースが急速に増え，校内暴力は
一つのピークを迎えた」とまとめられている（『読売新聞』2015年7月25日付）。

　1981年には中教審は「生涯教育について」を答申し，来たるべき高齢化社会
と学習しやすい社会教育制度づくりの方向性を提示した。同年，放送大学が開

第16章　戦後の教育

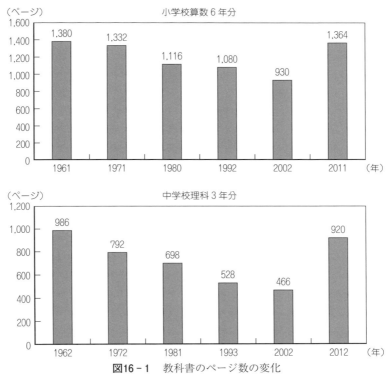

図16-1　教科書のページ数の変化
出所：『読売新聞』2014年1月9日をもとに作成。

校し，高等教育を受ける機会が多様化し始めた。

　21世紀を展望したわが国の教育のあり方について検討を行う内閣総理大臣直属の諮問機関「**臨時教育審議会**」が80年代半ばから積極的な答申を行った（1984〜1987年）。臨時教育審議会（当時の中曽根康弘内閣）では，第三の教育改革と位置づけ（第一の教育改革を明治初期，第二の教育改革を第二次世界大戦後とする），「個性重視の原則」「生涯学習体系への移行」「変化への対応」を教育改革の柱とした。80年代前半から日本社会では，アメリカのレーガン政権やイギリスのサッチャー政権が採用した**新自由主義**（ネオ・リベラリズム）的政策のもとに，規制緩和の経済的な再編成がなされ，公社が民営化（1987年の国鉄の民営化）さ

第Ⅱ部　日本の教育制度と教育の歴史

れるなど，市場経済，競争原理，地方分権等の抜本的な制度改革が行われ始めるに至った。

　それに伴い，企業の就業形態の変化もみられ始め，従来の日本型雇用形態であった終身雇用制，年功序列等の就業観，勤労観は，競争原理を主体とする能力主義，年俸制，業績・結果主義へと変化するに至った。これに伴い後の学校の就学形態の変化へ影響を及ぼすこととなった。

参考文献

尾崎ムゲン『日本の教育改革』中公新書，1999年。

長田新監修『日本教育史』御茶の水書房，1972年。

解説教育六法編修委員会編『解説教育六法2007　平成19年版』三省堂，2007年。

解説教育六法編修委員会編『解説教育六法2018　平成30年版』三省堂，2018年。

武安宥・長尾和英編『人間形成のイデア』昭和堂，2002年。

長尾和英編『教職と人間形成』八千代出版，2004年。

文部科学省編『諸外国の教育動向　2017年度版』明石書店，2018年。

『読売新聞』「日本2020　教科書ページ数の変化」2014年1月9日。

『読売新聞』「昭和時代　第5部」2015年7月25日。

第17章
現代の教育改革

1 1990年代の教育制度

　1989（平成元）年，国連において「児童の権利に関する条約」が全会一致で採択され，「困難な条件の下で生活している児童が世界のすべての国に存在すること」「このような児童が特別の配慮を必要としていること」（前文）として，差別の禁止，子どもの最善の利益が第一次的に考慮される，親の指導の尊重等を条文内容とした。

　高等教育の分野においては，大学審議会が「大学教育の改善」を答申し，同じく「学位制度の見直しと大学院の評価」，学士の学位化（「学校教育法」一部改正），準学士制度の創設（「学校教育法」一部改正）等を行い，高等教育の大綱化がなされ始めた。

　1996（平成8）年には中教審が「21世紀を展望した我が国の教育の在り方について」（第一次答申）を答申した。この答申では，「子供に『生きる力』と『ゆとり』を」とする副題をつけて，第1部「今後における教育の在り方」，第2部「学校・家庭・地域社会の役割と連携の在り方」，第3部「国際化，情報化，科学技術の発展等社会の変化に対応する教育の在り方」の3部から成り立つ答申を行った。その答申によれば，子どもたちの現状として，「積極面もある一方，ゆとりのない生活，社会性の不足や倫理観の問題，自立の遅れ，健康・体力の問題などの問題が存在」「家庭や地域社会の教育力は低下の傾向」「変化の激しい時代，先行き不透明な時代」としている。

　以上の課題的側面に対して，これからの時代において求められる資質や能力

第Ⅱ部　日本の教育制度と教育の歴史

は「変化の激しい社会を［生きる力］」とし，「学校・家庭・地域社会全体を通して，［生きる力］をはぐくむことを重視」と指摘した。

　学習指導要領の改訂が1998年（小学校，中学校），1999年（高等学校）にそれぞれなされた。1998年には幼稚園教育要領の改訂もなされた。この際の改訂点は，三つにまとめられる。(1)学習内容の3割削減，(2)総合的な学習の時間の創設，(3)完全学校週五日制の実施である。これらの改訂点は，後に「学力低下への懸念」として大きな教育問題となった。

2　21世紀の教育制度

2000年代の教育制度の状況

　2000（平成12）年には学校教育法施行規則が一部改正され，**民間人の校長**が制度的に登用可能となり，**校長のリーダーシップ**の発揮を実現させるために職員会議の位置づけが法的になされた（「職員会議は，校長が主宰する」（学校教育法施行規則第48条第2項））。また学校運営に関しても，**学校評議員制度**を法的に位置づけ，従来の閉鎖的な学校空間を地域社会や教育関係者，保護者等の意見を取り入れ，学校独自の教育運営が展開されるよう制度的な整備を行った。

　また同年，教育職員免許法が改正され，高等学校教員免許状教科に「情報」「福祉」が新設された。2000年12月には教育改革国民会議最終報告「教育を変える17の提案」が出され，「人間性豊かな日本人を育成する」「一人ひとりの才能を伸ばし，創造性に富む人間を育成する」「新しい時代に新しい学校づくりを」「教育振興基本計画と教育基本法」の四つの視点から17の提案がなされた。

　同年には少年法も改正され，刑罰適応年齢が16歳から14歳に引き下げられた。

　おなじく同年に「児童虐待の防止等に関する法律（**児童虐待防止法**）」が公布され，児童虐待が児童の人権を著しく侵害し，その心身の成長および人格の形成に重大な影響を与えるものであるとして，児童虐待の防止等に関する施策を促進し，早期発見や児童相談所と警察との連携についても触れられることとなった。

178

児童虐待防止法第2条によれば，**児童虐待の定義**として，(1)「児童の身体に外傷が生じ，又は生じるおそれのある暴行を加えること」，(2)「児童にわいせつな行為をすること又は児童をしてわいせつな行為をさせること」，(3)「児童の心身の正常な発達を妨げるような著しい減食又は長時間の放置，保護者以外の同居人による前二号又は次号に掲げる行為と同様の行為の放置その他の保護者としての監護を著しく怠ること」，(4)「児童に対する著しい暴言又は著しく拒絶的な対応，児童が同居する家庭における配偶者に対する暴力（配偶者……の身体に対する不法な攻撃であって生命又は身体に危害を及ぼすもの及びこれに準ずる心身に有害な影響を及ぼす言動をいう。）その他の児童に著しい心理的外傷を与える言動を行うこと」の四つを挙げている。

なお，学校教職員は，児童虐待を発見しやすい立場にあることを自覚し，児童虐待の早期発見に努めなければならず（第5条），発見に係る通告は，福祉事務所あるいは児童相談所に速やかに行わなければならない（第6条）とされて，子どもの被害を防止する一方策が明言された。現在では，市町村または児童相談所から対象とされる児童生徒の学校へ定期的な情報提供を求める指針が出されている。

2001年，中央教育行政機関としての**文部科学省**が誕生した。これは行政のスリム化を目指して，文部省（1871年創設，1949年文部省設置法により戦前の文部省管制は廃止）と科学技術庁とが統合されたことによる（1999年の文部科学省設置法）。

文部科学省の任務は「教育の振興及び生涯学習の推進を中核とした豊かな人間性を備えた創造的な人材の育成，学術及び文化の振興，科学技術の総合的な振興並びにスポーツ及び文化に関する施策の総合的な推進を図るとともに，宗教に関する行政事務を適切に行うこと」（文部科学省設置法第3条）である。

2002（平成14）年，遠山敦子文部科学大臣は「**学びのすすめ**」を発表した。「学びのすすめ」では，先の学習指導要領の理念を補強すべき役割として，学習指導要領は最低基準である等の内容が提示された。当時，マスメディアを中心として，1998年の学習指導要領改訂に対して批判が一部から寄せられていた。

第Ⅱ部　日本の教育制度と教育の歴史

下村（2005，67ページ）は次のように解説する。

　　このアピールは，見出しを見る限り，従来の路線と大差ないようだが，
　「説明」まで熟読すると，路線変更が明白となる。「学習指導要領は最低基準
　である」と明言し，少人数授業，習熟度別編成，柔軟な授業時間等まではと
　もかく，これまでは御法度だった宿題や放課後の補習にもゴーサインを出し，
　休業日のはずの「土曜補習」も学校裁量に任せ，朝の読書等に推奨の弁を述
　べる等，「学力向上」にこれまでにない積極的・具体的な提言を行っている。

　同時に，同年，**完全学校週五日制**となり，とくに**学力低下論争**と呼ばれる問
題が多く議論された。

　2005（平成17）年，**食育基本法**が公布された。本法律の前文において「子ど
もたちが豊かな人間性をはぐくみ，生きる力を身に付けていくためには，何よ
りも『食』が重要である」として，「食育を，生きる上での基本であって，知
育，徳育及び体育の基礎となるべきものと位置付ける」と捉えている。そして
食育について，「基本理念を明らかにしてその方向性を示し，国，地方公共団
体及び国民の食育の推進に関する取組を総合的かつ計画的に推進するため」に
制定された法として位置づけている。

3　新たな免許制度と学校制度の改革

　同じく2005年には，中教審から以下の二つの答申が出されている。
① 「新しい時代の義務教育を創造する」
　本答申においては現代社会を「変革の時代」「混迷の時代」「国際競争の時
代」と位置づけ，新しい義務教育のあり方として，「子どもたちがよく学びよ
く遊び，心身ともに健やかに育つこと」とした。そのためにとくに義務教育の
改革として，(1)目的実現のため，基盤整備を国の責任で行う，(2)市町村・学校
の権限と責任を拡大する分権改革を進める，(3)教育の結果の検証を国の責任で

行い，義務教育の質を保証する構造への改革を挙げている（窪田・小川，2006，694～695ページ）。

② 「特別支援教育を推進するための制度の在り方について」

　本答申は6章から成り立つ。第一章では「障害のある幼児児童生徒に対する教育の現状と課題」について，養護学校や特殊学級に在籍している児童が増加傾向にあるなかで，障害の重度・重複化に伴い，関係する諸学校では，福祉・医療・労働等の関係機関と連携した対応が求められ，学校側の課題として障害のない児童生徒との交流および共同学習の促進，担当教員の専門性向上が求められていると記されている。

　第二章「特別支援教育の理念と基本的な考え方」においては，従来の「特殊教育」から一人ひとりのニーズに応じた適切な指導および必要な支援を行う「特別支援教育」に転換し，障害のある児童生徒の自立や社会参加に向けた主体的な取り組みを支援するという視点に立ち，適切な指導および必要な支援を行うものと記されている。

　第三章「盲・聾・養護学校制度の見直しについて」においては，学校制度としての従来一条校として示されていた盲・聾・養護学校制度を見直し，新たに特別支援学校とすることが示され，第五章「教員免許制度の見直しについて」において，従来の学校の種別ごとに設けられている教員免許状を，「特別支援学校教員免許状（仮称）」と転換する。その他（第六章「関連する諸課題について」）においては，特別支援教育コーディネーター，学校内外の人材の活用と関係機関等の連携協力等が課題として示されている。

　特別支援教育については，2006年「学校教育法等の一部を改正する法律」によって制度化された。

　2006年，中教審は「今後の教員養成・免許制度の在り方について」を答申した。その答申において「教員をめぐる現状」は大きく変化してきており，教員の資質能力が改めて問い直されていると指摘している。本答申の概要は，Ⅰ「教員養成・免許制度の改革の基本的な考え方」，Ⅱ「教員養成・免許制度の改革の具体的方策」の二本の柱から成り立っており，Ⅰの教員養成・免許制度の

第Ⅱ部　日本の教育制度と教育の歴史

改革の基本的な考え方として，教員養成に対する明確な理念の追求・確立がなされていない大学がある等，現行の大学における教員養成に対するいくつかの課題の指摘がなされた。

そのため「教員として最小限必要な資質能力を身につけさせる」改革を行う，教員免許状を教員として必要最小限な資質能力を確実に保証するものに改革すると打ち出した。Ⅱの教員養成・免許制度の改革の具体的方策として，教職必修科目として新たに「教職実践演習」を設け，教員として求められる事項（(1)使命感や責任感，教育的愛情等に関する事項，(2)社会性や対人関係能力に関する事項，(3)幼児児童生徒理解や学級経営等に関する事項，(4)教科・保育内容等の指導力に関する事項）を含めることとし，実施内容として役割演技やグループ討議，事例研究，模擬授業等を行うことが明記されている。その他，「教職大学院」制度の創設，教員免許更新制の導入，教員養成・免許制度に関するその他の改善方策等が示された。

また，2006（平成18）年，文部科学省「義務教育諸学校における学校評価ガイドライン」が策定された。これは現在では「学校評価ガイドライン」として結実化している（第18章を参照）。

その結果，法令上，教職員による自己評価，保護者などの学校の関係者による評価（学校関係者評価）を行い，結果を公表すること，さらに，自己評価の結果，学校関係者評価の結果を設置者に報告することが求められている（解説教育六法編修委員会，2018，1120ページ）。

4　教育基本法の改正

2006年12月には教育基本法が改正され，戦後に教育基本法が制定・施行されて以来初めての教育基本法の改正となった。戦後登場した教育基本法（旧）は，戦前の教育勅語に代わる新教育の理念を提示したものであった。その場合，新教育とは，民主主義的教育理念や個人主義的教育理念が明らかにされたことであった。そして約60年後，改めて改正されることとなった。

改正点は，形式上においては，旧法が全11条であったのに対し，改正法では全18条と増加したことである（章末表17-1参照）。また章立てが設けられたことも新しい点である。改正の手続きにおいて議論となった「国と郷土を愛する」の教育の目標への明示，「公共の精神」の尊重，生涯学習の理念の明記，義務教育の9年の年限を明記しない，大学の明記，私立学校の明記，家庭教育の明記，幼児期の教育の明記，教育振興基本計画の明記が盛り込まれたことがポイントである。また旧教育基本法と比較して，男女共学を明記しない点などが相異として挙げられる。

2007（平成19）年には，文科省初等中等教育局長が，「問題行動を起こす児童生徒に対する指導について」を通知した。また教育職員免許法が改正され，教員免許（普通免許状）等に，10年間の有効期限が定められることとなった（第9条）。それに関連して，**教員免許更新制度**（免許状更新講習）が創設された。

2008（平成20）年には，幼稚園，小学校，中学校の学習指導要領が告示された（2009（平成21）年には，高等学校の学習指導要領が告示された）。この指導要領の特徴は，以下のとおりであった（文部科学省ホームページ「幼稚園教育要領，小・中学校学習指導要領等の改訂のポイント（平成20年度）」）。

① 教育基本法改正等で明確になった教育の理念を踏まえ，「生きる力」を育成
② 知識・技能の習得と思考力・判断力・表現力等の育成のバランスを重視
③ 道徳教育や体育などの充実により，豊かな心や健やかな体を育成

また教育内容の主な改善事項としては，(1)言語活動の充実，(2)理数教育の充実，(3)伝統や文化に関する教育の充実，(4)道徳教育の充実，(5)体験活動の充実，(6)外国語教育の充実，であった。

また，従来の学校保健法（1958年制定）を改題し，**学校保健安全法**とした。従来の内容に加え，学校保健や学校安全についての内容が加えられた。同法では学校安全計画の策定（第27条）と，児童生徒の安全確保の支障となる事項があるときは，遅滞なくその改善を図る措置等を行う（第28条）とされている。

第Ⅱ部　日本の教育制度と教育の歴史

また危険等発生時対処要領の作成について（第29条）求められている。これは
「**危機管理マニュアル**」のことである。学校が遭遇しうる危険等発生の内容は，
事故，加害行為，災害等（第26条）であり，こうした事態に対し適切に対処す
ることができるよう管理運営体制の整備と必要な処置を求めている。

2010年代の教育制度の主な特徴

2010（平成22）年には，「**生徒指導提要**」が出された。これは長年再版されて
いなかった「生徒指導の手引」に代わるもので，生徒指導提要は，生徒指導の
意義と原理，教育課程と生徒指導，児童生徒の心理と児童生徒理解，学校にお
ける生徒指導体制，教育相談，生徒指導の進め方，生徒指導に関する法制度等，
学校と家庭・地域・関係機関との連携について取り上げられている。

2011（平成23）年3月には，東日本大震災が発生した。甚大な被害をもたら
し，多くの課題と教訓を残した。また被災した子どもがやむを得ず転居した後
にいじめにあうなどの問題も発生した。

2012（平成24）年には，著作権法が一部改正され，違法ダウンロードに伴う
刑事罰化などが取り決められ，同じく「**消費者教育の推進に関する法律**」が公
布された。

2013（平成25）年には，**教育再生実行会議**が開かれた。以後，第2次提言で
は「教育委員会制度等の在り方について」，第3次提言では「これからの大学
教育等の在り方について」，第4次提言では「高等学校教育と大学教育との接
続・大学入学者選抜の在り方について」がなされ，その後の教育政策に影響を
及ぼすこととなる。

2014（平成26）年には「中学校学習指導要領解説」および「高等学校学習指
導要領解説」が一部改訂され，尖閣諸島と竹島についてわが国固有の領土と明
記された。学校図書館法が一部改正され，学校司書配置の努力義務が明記され
た（第6条）。

2015（平成27）年には，小学校および中学校において，それまでは教育課程
の領域であった道徳が，**特別の教科道徳**として登場した（「小学校学習指導要領」

184

「中学校学習指導要領」の一部改訂）。同年には，新しい教育委員会制度が始まる（「地方教育行政の組織及び運営に関する法律」改正）。また，公職選挙法が改正され，選挙権が18歳からとなった。学校についても新しい校種が登場した。学校教育法が改正され「義務教育学校」が登場した。

　同年12月には，中央教育審議会答申「これからの学校教育を担う教員の資質能力の向上について——学び合い，高め合う教員育成コミュニティの構築に向けて」が出された。これが出された背景として，教員政策の重要性に鑑み，近年の学校を取り巻く環境変化が指摘され，「**学び続ける教員**」「**社会に開かれた教育課程とチーム学校**」が提言され，養成・採用・研修にわたって「教員改革のチャンス」と位置づけている。（解説教育六法編修委員会，2018，1140〜1142ページ）。そのため，アクティブ・ラーニングの視点から授業改善や，ICTの操作方法はもとより，ICTを用いた効果的な授業や適切なデジタル教材の開発・活用の基礎力の養成，道徳教育の充実などが養成段階（つまり大学などの教員養成段階）で期待されている。

　また同審議会からの答申「チームとしての学校の在り方と今後の改善方策について」も出されている。「**チームとしての学校**」が求められる背景として教育活動の有機的連携が求められ，複雑化・多様化した課題を解決していくために，学校のマネジメント力を強化し，組織として教育活動に取り組む体制を創り上げ，必要な指導体制を整備することが求められる。とくに，生徒指導や特別支援教育等を充実してゆくため，専門スタッフ等と連携・分担する体制を整備し，学校の機能を強化することが重要だとしている。具体的には，心理や福祉に関する専門スタッフ，授業等において教員を支援する専門スタッフ，部活動に関係するスタッフ，特別支援教育に関する専門スタッフが念頭に置かれている（解説教育六法編修委員会，2018，1099〜1100ページ）。

　2017（平成29）年には，「学校教育法施行規則」が一部改正され，部活動指導員（制度）が創設された。数か月後に，同規則改正によって，スクールカウンセラー，スクールソーシャルワーカーの規定が追加される。こうした改正は，従来の担任や特定の教員に重くのし掛かり負担を強いられていた教育的課題に

第Ⅱ部　日本の教育制度と教育の歴史

対し，先の答申にもあった「チームとしての学校」が，専門家によって協力を得，有機的効率的に学校の教育活動を展開していこうとすることを背景としている。

　３月末には，幼稚園教育要領，小学校学習指導要領，中学校学習指導要領が告示された（高等学校の学習指導要領は2018（平成30）年に告示）。今回の改訂の特徴としては，「社会に開かれた教育課程」を重視，現行の学習指導要領の枠組みや教育内容を維持した上で，知識の理解の質をさらに高める，道徳教育の充実や体験活動の重視，体育・保健に関する指導の充実が挙げられ，「主体的・対話的で深い学び」，何ができるようになるのかを明確化する等が推奨され，各学校における「カリキュラム・マネジメント」の確立が求められている。そのほか，主権者教育，消費者教育，防災・安全教育などの充実も求められており，情報活用能力を充実させる教育，子どもたちの発達の支援なども踏まえた内容となっている。高等学校では教科・科目構成の見直しが図られ，国語科では科目の再編，地理歴史では「歴史総合」「地理総合」の新設，公民科における「公共」の新設などがみられる（文部科学省ホームページ「幼稚園教育要領，小・中学校学習指導要領等の改訂のポイント（平成29年度）」）。

参考文献

解説教育六法編修委員会編『解説教育六法2007　平成19年版』三省堂，2007年。
解説教育六法編修委員会編『解説教育六法2018　平成30年版』三省堂，2018年。
窪田眞二・小川友次編『教育法規便覧　平成19年度版』学陽書房，2006年。
窪田眞二・小川友次編『教育法規便覧　平成30年度版』学陽書房，2018年。
下村哲夫『教育法規便覧　平成17年度版』学陽書房，2005年。
武安宥・長尾和英編『人間形成のイデア』昭和堂，2002年。
文部科学省ホームページ「幼稚園教育要領，小・中学校学習指導要領等の改訂のポイント（平成20年度）」http://www.mext.go.jp/component/a_menu/education/micro_detail/__icsFiles/afieldfile/2011/03/30/1234773_001.pdf（2019年8月28日閲覧）。
文部科学省ホームページ「幼稚園教育要領，小・中学校学習指導要領等の改訂のポイント（平成29年度）」http://www.mext.go.jp/component/a_menu/education/micro_detail/__icsFiles/afieldfile/2019/02/19/1384661_001.pdf（2019年8月28日閲覧）。

第**17**章　現代の教育改革

表17－1　改正前後の教育基本法の比較

（※下線部・網かけ部分は主な変更箇所）

改正後の教育基本法 （平成18年法律第120号）	改正前の教育基本法 （昭和22年法律第25号）
前文 　我々日本国民は，たゆまぬ努力によって築いてきた民主的で文化的な国家を更に発展させるとともに，世界の平和と人類の福祉の向上に貢献することを願うものである。 　我々は，この理想を実現するため，個人の尊厳を重んじ，真理と正義を希求し，公共の精神を尊び，豊かな人間性と創造性を備えた人間の育成を期するとともに，伝統を継承し，新しい文化の創造を目指す教育を推進する。 　ここに，我々は，日本国憲法の精神にのっとり，我が国の未来を切り拓く教育の基本を確立し，その振興を図るため，この法律を制定する。	前文 　われらは，さきに，日本国憲法を確定し，民主的で文化的な国家を建設して，世界の平和と人類の福祉に貢献しようとする決意を示した。この理想の実現は，根本において教育の力にまつべきものである。 　われらは，個人の尊厳を重んじ，真理と平和を希求する人間の育成を期するとともに，普遍的にしてしかも個性ゆたかな文化の創造をめざす教育を普及徹底しなければならない。 　ここに，日本国憲法の精神に則り，教育の目的を明示して，新しい日本の教育の基本を確立するため，この法律を制定する。
第一章　教育の目的及び理念 （教育の目的） 第一条　教育は，人格の完成を目指し，平和で民主的な国家及び社会の形成者として必要な資質を備えた心身ともに健康な国民の育成を期して行われなければならない。	第一条（教育の目的）　教育は，人格の完成をめざし，平和的な国家及び社会の形成者として，真理と正義を愛し，個人の価値をたつとび，勤労と責任を重んじ，自主的精神に充ちた心身ともに健康な国民の育成を期して行われなければならない。
（教育の目標） 第二条　教育は，その目的を実現するため，学問の自由を尊重しつつ，次に掲げる目標を達成するよう行われるものとする。 　一　幅広い知識と教養を身に付け，真理を求める態度を養い，豊かな情操と道徳心を培うとともに，健やかな身体を養うこと。 　二　個人の価値を尊重して，その能力を伸ばし，創造性を培い，自主及び自律の精神を養うとともに，職業及び生活との関連を重視し，勤労を重んずる態度を養うこと。 　三　正義と責任，男女の平等，自他の敬愛と協力を重んずるとともに，公共の精神に基づき，主体的に社会の形成に参画し，その発展に寄与する態度を養うこと。 　四　生命を尊び，自然を大切にし，環境の保全に寄与する態度を養うこと。 　五　伝統と文化を尊重し，それらをはぐくんできた我が国と郷土を愛するとともに，他	第二条（教育の方針）　教育の目的は，あらゆる機会に，あらゆる場所において実現されなければならない。この目的を達成するためには，学問の自由を尊重し，実際生活に即し，自発的精神を養い，自他の敬愛と協力によって，文化の創造と発展に貢献するように努めなければならない。

187

第Ⅱ部　日本の教育制度と教育の歴史

改正後の教育基本法 （平成18年法律第120号）	改正前の教育基本法 （昭和22年法律第25号）
国を尊重し，国際社会の平和と発展に寄与する態度を養うこと。	
（生涯学習の理念） 第三条　国民一人一人が，自己の人格を磨き，豊かな人生を送ることができるよう，その生涯にわたって，あらゆる機会に，あらゆる場所において学習することができ，その成果を適切に生かすことのできる社会の実現が図られなければならない。	（新設）
（教育の機会均等） 第四条　すべて国民は，ひとしく，その能力に応じた教育を受ける機会を与えられなければならず，人種，信条，性別，社会的身分，経済的地位又は門地によって，教育上差別されない。	第三条（教育の機会均等）　すべて国民は，ひとしく，その能力に応ずる教育を受ける機会を与えられなければならないものであつて，人種，信条，性別，社会的身分，経済的地位又は門地によつて，教育上差別されない。
2　国及び地方公共団体は，障害のある者が，その障害の状態に応じ，十分な教育を受けられるよう，教育上必要な支援を講じなければならない。	（新設）
3　国及び地方公共団体は，能力があるにもかかわらず，経済的理由によって修学が困難な者に対して，奨学の措置を講じなければならない。	2　国及び地方公共団体は，能力があるにもかかわらず，経済的理由によつて修学困難な者に対して，奨学の方法を講じなければならない。
第二章　教育の実施に関する基本	
（義務教育） 第五条　国民は，その保護する子に，別に法律で定めるところにより，普通教育を受けさせる義務を負う。	第四条（義務教育）　国民は，その保護する子女に，九年の普通教育を受けさせる義務を負う。
2　義務教育として行われる普通教育は，各個人の有する能力を伸ばしつつ社会において自立的に生きる基礎を培い，また，国家及び社会の形成者として必要とされる基本的な資質を養うことを目的として行われるものとする。	（新設）
3　国及び地方公共団体は，義務教育の機会を保障し，その水準を確保するため，適切な役	（新設）

188

第17章　現代の教育改革

改正後の教育基本法 （平成18年法律第120号）	改正前の教育基本法 （昭和22年法律第25号）
割分担及び相互の協力の下，その実施に責任を負う。	
4　国又は地方公共団体の設置する学校における義務教育については，授業料を徴収しない。	2　国又は地方公共団体の設置する学校における義務教育については，授業料は，これを徴収しない。
（削除）	第五条（男女共学）　男女は，互に敬重し，協力し合わなければならないものであつて，教育上男女の共学は，認められなければならない。
（学校教育） 第六条　法律に定める学校は，公の性質を有するものであって，国，地方公共団体及び法律に定める法人のみが，これを設置することができる。	第六条（学校教育）　法律に定める学校は，公の性質をもつものであつて，国又は地方公共団体の外，法律に定める法人のみが，これを設置することができる。
2　前項の学校においては，教育の目標が達成されるよう，教育を受ける者の心身の発達に応じて，体系的な教育が組織的に行われなければならない。この場合において，教育を受ける者が，学校生活を営む上で必要な規律を重んずるとともに，自ら進んで学習に取り組む意欲を高めることを重視して行われなければならない。	（新設）
「（教員）第九条」として独立	2　法律に定める学校の教員は，全体の奉仕者であつて，自己の使命を自覚し，その職責の遂行に努めなければならない。このためには，教員の身分は，尊重され，その待遇の適正が，期せられなければならない。
（大学） 第七条　大学は，学術の中心として，高い教養と専門的能力を培うとともに，深く真理を探究して新たな知見を創造し，これらの成果を広く社会に提供することにより，社会の発展に寄与するものとする。 2　大学については，自主性，自律性その他の大学における教育及び研究の特性が尊重されなければならない。	（新設）

189

第Ⅱ部　日本の教育制度と教育の歴史

改正後の教育基本法 （平成18年法律第120号）	改正前の教育基本法 （昭和22年法律第25号）
（私立学校） 第八条　私立学校の有する公の性質及び学校教育において果たす重要な役割にかんがみ，国及び地方公共団体は，その自主性を尊重しつつ，助成その他の適当な方法によって私立学校教育の振興に努めなければならない。	（新設）
（教員） 第九条　法律に定める学校の教員は，自己の崇高な使命を深く自覚し，絶えず研究と修養に励み，その職責の遂行に努めなければならない。 2　前項の教員については，その使命と職責の重要性にかんがみ，その身分は尊重され，待遇の適正が期せられるとともに，養成と研修の充実が図られなければならない。	【再掲】第六条（略） 2　法律に定める学校の教員は，全体の奉仕者であつて，自己の使命を自覚し，その職責の遂行に努めなければならない。このためには，教員の身分は，尊重され，その待遇の適正が，期せられなければならない。
（家庭教育） 第十条　父母その他の保護者は，子の教育について第一義的責任を有するものであって，生活のために必要な習慣を身に付けさせるとともに，自立心を育成し，心身の調和のとれた発達を図るよう努めるものとする。 2　国及び地方公共団体は，家庭教育の自主性を尊重しつつ，保護者に対する学習の機会及び情報の提供その他の家庭教育を支援するために必要な施策を講ずるよう努めなければならない。	（新設）
（幼児期の教育） 第十一条　幼児期の教育は，生涯にわたる人格形成の基礎を培う重要なものであることにかんがみ，国及び地方公共団体は，幼児の健やかな成長に資する良好な環境の整備その他適当な方法によって，その振興に努めなければならない。	（新設）
（社会教育） 第十二条　個人の要望や社会の要請にこたえ，社会において行われる教育は，国及び地方公共団体によって奨励されなければならない。	第七条（社会教育）　家庭教育及び勤労の場所その他社会において行われる教育は，国及び地方公共団体によつて奨励されなければならない。

第**17**章 現代の教育改革

改正後の教育基本法 （平成18年法律第120号）	改正前の教育基本法 （昭和22年法律第25号）
2 国及び地方公共団体は，図書館，博物館，公民館その他の社会教育施設の設置，学校の施設の利用，学習の機会及び情報の提供その他の適当な方法によって社会教育の振興に努めなければならない。	2 国及び地方公共団体は，図書館，博物館，公民館等の施設の設置，学校の施設の利用その他適当な方法によつて教育の目的の実現に努めなければならない。
（学校，家庭及び地域住民等の相互の連携協力） 第十三条 学校，家庭及び地域住民その他の関係者は，教育におけるそれぞれの役割と責任を自覚するとともに，相互の連携及び協力に努めるものとする。	（新設）
（政治教育） 第十四条 良識ある公民として必要な政治的教養は，教育上尊重されなければならない。 2 法律に定める学校は，特定の政党を支持し，又はこれに反対するための政治教育その他政治的活動をしてはならない。	第八条（政治教育） 良識ある公民たるに必要な政治的教養は，教育上これを尊重しなければならない。 2 法律に定める学校は，特定の政党を支持し，又はこれに反対するための政治教育その他政治的活動をしてはならない。
（宗教教育） 第十五条 宗教に関する寛容の態度，宗教に関する一般的な教養及び宗教の社会生活における地位は，教育上尊重されなければならない。 2 国及び地方公共団体が設置する学校は，特定の宗教のための宗教教育その他宗教的活動をしてはならない。	第九条（宗教教育） 宗教に関する寛容の態度及び宗教の社会生活における地位は，教育上これを尊重しなければならない。 2 国及び地方公共団体が設置する学校は，特定の宗教のための宗教教育その他宗教的活動をしてはならない。
第三章 教育行政 （教育行政） 第十六条 教育は，不当な支配に服することなく，この法律及び他の法律の定めるところにより行われるべきものであり，教育行政は，国と地方公共団体との適切な役割分担及び相互の協力の下，公正かつ適正に行われなければならない。	第十条（教育行政） 教育は，不当な支配に服することなく，国民全体に対し直接に責任を負つて行われるべきものである。 2 教育行政は，この自覚のもとに，教育の目的を遂行するに必要な諸条件の整備確立を目標として行われなければならない。
2 国は，全国的な教育の機会均等と教育水準の維持向上を図るため，教育に関する施策を総合的に策定し，実施しなければならない。	（新設）

第Ⅱ部　日本の教育制度と教育の歴史

改正後の教育基本法 （平成18年法律第120号）	改正前の教育基本法 （昭和22年法律第25号）
3　地方公共団体は，その地域における教育の振興を図るため，その実情に応じた教育に関する施策を策定し，実施しなければならない。	（新設）
4　国及び地方公共団体は，教育が円滑かつ継続的に実施されるよう，必要な財政上の措置を講じなければならない。	（新設）
（教育振興基本計画） 第十七条　政府は，教育の振興に関する施策の総合的かつ計画的な推進を図るため，教育の振興に関する施策についての基本的な方針及び講ずべき施策その他必要な事項について，基本的な計画を定め，これを国会に報告するとともに，公表しなければならない。 2　地方公共団体は，前項の計画を参酌し，その地域の実情に応じ，当該地方公共団体における教育の振興のための施策に関する基本的な計画を定めるよう努めなければならない。	（新設）
第四章　法令の制定	
第十八条　この法律に規定する諸条項を実施するため，必要な法令が制定されなければならない。	第十一条（補則）　この法律に掲げる諸条項を実施するために必要がある場合には，適当な法令が制定されなければならない。

192

第18章
教育制度と学校の運営

1 学校経営

　学校経営は「一つの学校組織体（協力体系）の維持と発展をはかり，学校教育本来の目的を効果的に達成させる統括作用」（吉本，1965，88ページ）であり，「教育の目的を効果的に達成するために，多様化し多元化している現代の教育主体と教育機能を全体的にとらえ，それらを統合し，有機的に関連づけるという視点に立って，教育の営みを把握していこうとする概念」（奥田・河野，1993，190ページ）と一般に定義づけられている。しかし，学校教育が追求する教育の目的が何であり，その目的の実現のために教育手段をどのように行うべきかという点については非常に議論のあるところである。また各法律や法令等に示されている教育の目的や目標の存在はよく知られたところであるが，これらの目的や目標が実際にどの程度まで子どもたちに定着しているのかをめぐっても非常に議論のあるところであろう。

　子どもや親，社会がそれぞれ求めている教育の目的は一律同じではない。また国家の求める教育像と個人の求める教育像とが，しばしばどちらを優先させるべきかをめぐって問題となったこともあった。最近においては教員の問題，保護者の問題，子どもの問題，教育内容に関する問題，学校周辺や内外の問題等学校経営をとりまく問題は散在しており，それだけに学校経営に対する社会一般からの期待は大きい。

　変化の激しい現代社会において教育改革が推進され，学校経営のあり方が問われつつある。 1984〜87年にかけての臨時教育審議会以来，アメリカ，イギ

193

第Ⅱ部　日本の教育制度と教育の歴史

リスの**新自由主義**の政策に基づく規制緩和，地方分権化等が最近に至って教育界をはじめあらゆる分野において改革の原理として現れてきているなかで，学校教育においては，教育特区，校長の資格要件緩和，校長のリーダーシップ，特色ある学校づくり，学校評議員制度等はその政治理念の典型的事例と捉えることができよう。ここでは学校経営がわが国の公教育の枠組みにおいてどのように展開されているかをテーマごとにみてゆくことにする。

学校設置基準

　学校教育法第3条によれば「学校を設置しようとする者は，学校の種類に応じ，文部科学大臣の定める設備，編制その他に関する**設置基準**に従い，これを設置しなければならない」と記されている。小学校・中学校の設置基準の項目は，「一学級の児童・生徒数」「学級の編制」「教諭の数等」「校舎及び運動場の面積等」「校舎に備えるべき施設」「校具及び教具」「他の学校等の施設及び設備の使用」等である（小学校設置基準，中学校設置基準）。

　学校設置基準は学校を設置するために，さらには教育効果を有効的，十全的に達成するために必要な最低の基準であるといえるが，そのなかでも今日とくに注目すべき点として**学校評価**が挙げられる。文部科学省の「**学校評価ガイドライン（平成28年改訂）**」によれば，学校評価の目的として以下の3点を挙げている。

①　各学校が，自らの教育活動その他の学校運営について，目指すべき目標を設定し，その達成状況や達成に向けた取組の適切さ等について評価することにより，学校として組織的・継続的な改善を図ること。

②　各学校が，自己評価及び保護者など学校関係者等による評価の実施とその結果の公表・説明により，適切に説明責任を果たすとともに，保護者，地域住民等から理解と参画を得て，学校・家庭・地域の連携協力による学校づくりを進めること。

③　各学校の設置者等が，学校評価の結果に応じて，学校に対する支援や条

194

件整備等の改善措置を講じることにより，一定水準の教育の質を保証し，その向上を図ること。

また同ガイドラインによれば，学校評価の方法として，

①　各学校の教職員が行う評価【自己評価】
②　保護者，地域住民等の学校関係者などにより構成された評価委員会等が，自己評価の結果について評価することを基本として行う評価【学校関係者評価】
③　学校とその設置者が実施者となり，学校運営に関する外部の専門家を中心とした評価者により，自己評価や学校関係者評価の実施状況も踏まえつつ，教育活動その他の学校運営の状況について専門的視点から行う評価【第三者評価】

を挙げている。
　これらの実施において，自己評価については，重点化された具体的な目標の設定や PDCA サイクルによる自己評価を推奨している。学校関係者評価については，自己評価を踏まえた学校関係者評価となることを求め，受動的ではない主体的・能動的な評価活動を求めており，改善方策の公表を通して，保護者や地域からの理解や連携を求めている。さらに第三者評価については，学校評価全体を充実する観点からの評価を求め，地域や学校の実情等に応じた柔軟な実施体制を求めている（解説教育六法編修委員会，2018，1122ページ）。

2　学　級　経　営

　学級は「一人または複数の教員の指導のもとに，同じ教室で同時に学習する児童・生徒の集団」（『広辞苑』）であり，伝統的な学習集団組織の一つである。現代社会においては，情報化の進展により，ICT や e ラーニングをはじめと

第Ⅱ部　日本の教育制度と教育の歴史

する遠隔授業の形態や適応指導教室による出席扱いに象徴されるように，学習形態も多様化しつつあり，媒体や手段が豊富になりつつある。しかし，学級単位での授業が今日においてもその意義をもっているのには，二つの理由が考えられる。

　一つ目は学級が集団生活を初めて開始する場所と位置づけられること。就学前の教育は家庭の事情によって多様であるが，学齢児童生徒は，教育を受ける権利がある（日本国憲法第26条第1項，教育基本法第4条第1項1）。すなわち集団生活のなかで子どもたちが育つことの意義は，人間社会に生きる人間自身にとって必要不可欠なことであり，さらに各自が，家庭，社会との各組織と自己とのあり方の関係をみつめ直す点に存在しているといえる。

　二つ目は，学校組織が一丸となって望ましい教育の目的を計画的，組織的，合理的に展開することが求められているなかにおいて，学校全体の組織の一部である学級単位においても，地域の事情や児童生徒の発達状況や個別の事情に応じて教育の目的を計画的，組織的，合理的に展開することが求められている点である。ヘルバルトは，教育の領域として，管理，教授，訓練を挙げ，さらに近代的合理的教育方法としての四段階教授法を提唱したが，これは学級を前提とした教育方法であり，授業方法の形式化を生み出すこととなった。また管理・教授・訓練の概念は，学級経営の理念の一部となった。

　近代的な教育理念の再生産に寄与した学校は，成長発達段階の同様な状態・条件のクラス（学級）をもってスタートさせるという非常に合理的かつ平等の理念を教育界に定着させることに貢献した。このことはまた児童生徒の一人ひとりの個性の尊重が軽視されるといった問題点や，一律に平等を求めようとする誤った平等主義といった問題点も生み出した。さらに近年，少子化や核家族化等の現象に伴って，子どもが自室に閉じ籠もったり，子どもが考え方のちがう人や異年齢の人と話す機会が少なくなったといわれるように，家庭における教育力の低下や子どもの社会適応能力の低下，コミュニケーション能力の低下に象徴される問題点が指摘されている。そのため，異年齢や無学年制による学習集団の意義や，活動的な学びや体験的な学び，少人数集団による学習集団の

意味合いは今後いっそう高まってゆくと考えられる。だが，他方において，発達段階に応じた同年齢の子どもたちの集団から成立する学級組織において，子どもたちがともに学ぶことの意義は大きいともいえる。

天笠茂は，**学級経営**の営みとして次の六つを挙げている（天笠，2001，127ページ）。

① 子ども及び学級集団構造の理解
② 学級生活の設計
③ 学習環境の整備
④ コミュニケーションの促進
⑤ トラブルの処理
⑥ 学級経営の評価

「学級経営をめぐる問題の現状とその対応」（文部省委嘱研究，2000年5月）によれば，最近の学級経営に関する問題点として，就学前教育との連携・協力が不足している事例，特別な教育的配慮や支援を必要とする子どもがいる事例，必要な養育を家庭で受けていない子どもがいる事例，授業の内容に不満をもつ子どもがいる事例，いじめ等の問題行動への適切な対応が遅れた事例等のケースを挙げ，それぞれの対応策を指摘している。そのなかで，学級の機能が回復する過程におけるいくつかのヒントとして，子どもの実態に即した学級経営によって回復した事例，指導観の転換により信頼関係を取り戻すことで回復した事例，学年合同授業や「支援員」「相談員」の活用で回復した事例等を示している。そして学級経営について，今後の取り組みの五つのポイントを挙げている。

① 早期の実態把握と早期対応
② 子どもの実態を踏まえた魅力ある学級づくり
③ TT（ティームティーチング：Team Teaching）等の協力的な指導体制の確

第Ⅱ部　日本の教育制度と教育の歴史

立と校内組織の活用

④　保護者等との密接な連携と一体的な取り組み

⑤　教育委員会や関係機関との積極的な連携

　また，現代の社会状況と学級経営との関連でいうならば，情報収集―記録―共有（指導者間の）―活用（指導場面における）の視点も必要である。情報収集は，教員の人間性による役割が大きい。というのも，児童生徒への声かけ，教師同士の情報収集，保護者からの情報収集は，何よりも学級運営には欠かせないからである。またそうしたことから収集できる情報については，記録することも重要である。今日においては情報にもさまざまなレベルが存在するが，せっかく得られた情報であったとしても，後々活用できなかったばかりに残念な結果になる場合もあり，また近年の学校における問題のなかでも問題解決，説明責任，情報公開などにおいて，記録は重要な手がかりとなりうる。またそうした情報を他の指導者間で共有することも重要である。即座に活用できる場合とできない場合もあるだろう。しかし，情報を知っておくことで対処方法や指導方法が改善できることは多い。そうした情報を教育的に活用できることが，児童生徒の教育のためになることはいうまでもない。

3　校務分掌

「校務」とは，「学校運営上必要ないっさいの仕事」で，

①　学校教育の内容に関する事務

②　教職員の人事管理に関する事務

③　児童・生徒管理に関する事務

④　学校の施設・設備の保全管理に関する事務

⑤　その他学校の運営に関する事務

が挙げられる（窪田・小川，2006，172ページ）。

　学校教育法施行規則第43条によれば「小学校においては，調和のとれた学校運営が行われるためにふさわしい校務分掌の仕組みを整えるものとする」と述べられており，また文部事務次官通達によれば「学校においては，規律を守り，校内の秩序ある生活をつくらなければならないが，一方，教員や児童生徒の創造的な活動を励まし，教育活動を適切に指導することが必要である。これらの二つの人間関係の調和を保つことが教育の場としての学校にとつては望ましいものであること」（昭和51・1・13文初地136号文部事務次官，解説教育六法編修委員会，2018，219ページ）と指摘されている。

　校務分掌は組織体としての学校を教育理念に即して合理的，効果的に維持・運営してゆくために必要な全教職員に課せられた校務である。校務分掌の組織は，「教育活動」「事務活動」「関連活動」に分類される。校務分掌を定め教職員に命じる権限は，基本的には校長に委任されている。

4　個人情報の取扱い

　情報化社会の進展に伴って，我々を取り巻く状況は大きく変化している。政府は「我が国における官民通ずる IT（Information Technology）社会の急速な進展」「国際的な情報流通の拡大・IT 化」した現代社会を踏まえ，官民における個人情報保護法制の確立を目指し，その結果，2003（平成15）年に「**個人情報の保護に関する法律（個人情報保護法）**」が成立し，2005（平成17）年に施行された。2014年にはサイバーセキュリティ基本法が制定され，2015年には総務省から「地方公共団体における情報セキュリティポリシーに関するガイドライン」が公表されている。

　文部科学省では私立学校を含む民間事業者向けのガイドラインを2005年に発表，2006（平成18）年に改訂しており，個人情報の慎重な取扱いと管理・運用を求めている。こうした事業レベルとは別に，教員が留意すべき「個人情報の取扱い」については，(1)個人情報が現代社会や情報化社会において非常に重要

第Ⅱ部　日本の教育制度と教育の歴史

表18-1　教職員が注意すべき行動

○注意すべき行動（一部）
・電子メールの利用
・電子メールによる情報資産の外部持ち出し
・USB メモリで外部へ情報を持ち出す行為
・外部で情報処理作業を行う行動
○してはいけない行動（一部）
・業務以外の目的でのウェブ閲覧
・無許可での私物機器等の持ち込み
・パソコンやモバイル端末におけるセキュリティ設定の変更
・無許可での機器の改造及び増設・交換
○児童・生徒への指導事項（一部）
・自分の ID は他人に利用させてはいけないこと
・パスワードは他人に知られないようにすること
・学校では，承認されていない個人の USB メモリ等をパソコン，モバイル端末等に接続し
　てはいけないこと

出所：文部科学省（2017）。

な意味をもち，そのため個人情報の対象を認識し個人情報の意味を理解する必
要があること，そのため個人情報収集の場合，合意を得る必要があること。(2)
個人情報の媒体（メディアや紙媒体等）の取扱いを慎重に行い，持ち出しが禁止
されている個人情報を結果として紛失したり盗難にあったりすることのないよ
う，また管理の徹底と漏洩への対策，ルールの制定，またそのルールの厳守を
含めた啓発活動等が必要とされること。(3)電子媒体の場合，セキュリティー化
（暗号化）を行うことや，紙媒体や物媒体の場合，シュレッダー（裁断），焼却
等，再現に手間暇のかかるような複数の手間を入れた対応策等が求められる。

　文部科学省「『教育情報セキュリティポリシーに関するガイドライン』ハン
ドブック」（2017年11月）によれば，教職員が注意すべき行動規程として，表
18-1のようなことが挙げられている。

　なお，「個人情報の保護に関する法律」によれば，**個人情報**とは「生存する
個人に関する情報」であって，「氏名，生年月日その他の記述等」で作られる
記録のことをいう（第2条）。

5 学校安全に関する取扱い

近年，**学校安全**をめぐってさまざまな問題点が指摘されている。少し古いデータとなるが，文部科学省によると，外部の者が学校へ侵入した事件が，2002（平成14）年では2168件と，1989（平成元）年の1042件と比較して，2倍以上となっている。これらの状況を踏まえ，文部科学省では，「子ども安心プロジェクト」を推進し，「学校への不審者侵入時の危機管理マニュアル」の作成（2002年）や「学校施設整備指針」における防犯対策関係規定の充実（2003年）を行ってきた。また，マニュアルによる事件・事故発生時のチャート図やパターンごとの対応想定表などが，各教育委員会で策定され，個々の事案に対し，教職員が一丸となって対応すべき体制づくりと，いざ発生した際に機敏に対応できる機動力が求められている（学校保健安全法では各学校で作成することとなっている）。

学校教育法施行規則第1条第2項によれば「学校の位置は，教育上適切な環境に，これを定めなければならない」と記されている。

またジョン・デューイは『民主主義と教育』のなかにおいて，学校の機能として，⑴「単純化された環境」，⑵「純化された行動の環境」，⑶「社会的環境のなかの諸要素の釣り合い」を挙げている（Dewey, 2004, pp. 18-21）。学校生活を安全にしかも子どもたちが安心して楽しく過ごすことのできる環境づくり，この願いこそが，学校安全の背景の思想として存在していなければ，ハード面を充実させていったとしても学校安全の確保は難しいといえるであろう。

登下校時の安全確保について

登下校時，子どもたちが安心して通学することのできる環境づくりを，学校をはじめとして，家庭，地域社会が行い，見守っていかねばならないことはいうまでもない。文部科学省によれば「通学路の安全点検の徹底と要注意箇所の周知徹底」を期すために，

第Ⅱ部　日本の教育制度と教育の歴史

①　通学路の安全点検を教職員や保護者が定期的に実施し，要注意箇所の把握・周知徹底を行うこと
②　登下校時の幼児児童生徒の安全管理の徹底
③　幼児児童生徒に危険予測・回避能力を身に付けさせるための安全教育の推進
④　不審者等に関する情報の共有
⑤　警察との連携

の5点を挙げている（窪田・小川，2006，500～501ページ）。同通知において，「登校時の幼児児童生徒の安全を確保するためには，まず可能な限り安全な通学路を設定することが重要であり，それでも排除できない要注意箇所については，しっかりと把握し，関係者が共通認識を得ておくことが求められる」と示している。同文の「安全な通学路の設定」について，同通知においては，「教職員，保護者が実際に歩き，防犯の観点や交通事情等を配慮し，関係者が議論して可能な限り安全な通学路を設定」することが求められ，通学路に関して，保護者や警察，自治会等の関係者の間で以下のような共通認識を得ておくべきだとしている。

〇危険・要注意箇所（道路が狭い，見通しが悪い，人通りが少ない，やぶや路地・倉庫・空家等人が身を隠しやすい場所が近い，大型車が頻繁に通る　等）
〇公園や空地等不特定多数の人が容易に入りやすい場所
〇交番や「子ども110番の家」等万一の際に幼児児童生徒が駆け込める場所

その他，通学路安全の児童生徒への周知のための「通学路安全マップ」作成等を通して周知させ，通学路の安全確保に努めることも提言されている。

学校開放に伴う安全管理について

防災対策はもちろん，最近の学校開放の考え方に伴って，同じく文部科学省

第18章 教育制度と学校の運営

表18-2 幼児児童生徒の安全確保及び学校の安全管理についての点検項目

```
Ⅰ　学校において取り組むべき事項
　1　日常の安全確保
　　①　教職員の共通理解と校内体制
　　②　来訪者の確認
　　③　不審者情報に係る関係機関等との連携
　　④　始業前や放課後における安全確保の体制
　　⑤　授業中，昼休みや休憩時間等における安全確保の体制
　　⑥　登下校時における安全確保の体制
　　⑦　校外学習や学校行事における安全確保の体制
　　⑧　安全に配慮した学校開放
　　⑨　学校施設面における安全確保
　2　緊急時の安全確保
　　⑩　不審者情報がある場合の連絡等の体制
　　⑪　不審者の立入りなど緊急時の体制
Ⅱ　教育委員会等において取り組むべき事項（→省略）
Ⅲ　家庭や地域社会の協力を得て取り組むべき事項
　1　日常の安全確保
　　①　家庭への働きかけ
　　②　学校外の安全確保のための地域の関係団体における取組
　　③　登下校時，授業中，学校開放時等における安全確保のための地域の関係団体にお
　　　　ける取組
　2　緊急時の安全確保
　　④　学校周辺や学区内等で不審者等の情報がある場合の取組を行う体制
```

出所：文部科学省（2001）。

は，「幼児児童生徒の安全確保及び学校の安全管理についての点検項目」を
2001（平成13）年に出している。これによれば，具体的な点検大項目として，
表18-2のようなものを挙げている。

学校事故について

　「学校及び通学路等の『学校の管理下』において発生するさまざまな災害や
事故を『学校事故』」という。学校事故には授業中の事故をはじめ，クラブ活
動中の事故，学校行事中の事故，いじめ・校内暴力による事故，学校の施設・
設備の瑕疵（本来あるべき要件や性質が欠けていること）による事故等が挙げられ
る。窪田・小川によれば，**学校事故**とは，「学校における教育活動及びそれと
密接不離な生活関係の中で生じた事故を指すことが多い」もので，学校事故の

203

第Ⅱ部　日本の教育制度と教育の歴史

類型として以下の四つを挙げている（窪田・小川，2006，506ページ参照）。

①　教師の教育活動中の事故（教師の作為的加害行為によるもの，教師の不作為的行為によるもの）
②　教師の生徒に対する暴行・違法懲戒行為
③　学校施設・設備の管理等の瑕疵
④　生徒同士の事故

　こうした学校事故に対して，教職員は自らの職責を十分自覚し，教育活動中の事故は作為的，不作為的行為のいずれをも含めて，その発生を未然に防止する努力や配慮を常に意識することが求められるであろう。また教師が子どもをどのように日ごろから捉えているかによって，問題の発生を未然に防ぐことができる場合があるかもしれない。教育は崇高な人間観を前提とするため，教師の側には高い倫理観や道徳観が求められてしかるべきであろう。さらには学校施設・設備の管理等については，学校関係者の日常からの整備・点検等によって，子どもたちが学校生活を送る上で危険はないか，危険の恐れはないか，異変はないか等について敏感であらねばならないであろう。そうでなければ，学校や教師は，信頼を得られないであろう。

　また「国又は公共団体の公権力の行使に当る公務員が，その職務を行うについて，故意又は過失によつて違法に他人に損害を加えたときは，国又は公共団体が，これを賠償する責に任ずる」（国家賠償法第1条）とあり，民法においては教職員個人の損害賠償責任が求められることもある。

参考文献

Dewey, J., *Democracy and Education,* Dover, 2004.
天笠茂『教育原理　七訂版』学術図書，2001年。
奥田真丈・河野重男監修『現代学校教育大事典　第2巻』ぎょうせい，1993年。
解説教育六法編修委員会編『解説教育六法2018　平成30年版』三省堂，2018年。
窪田眞二・小川友次編『教育法規便覧　平成19年度版』学陽書房，2006年。

福本みちよ『図解でつかむ！　実践教育法規2006』小学館，2006年。

文部科学省「学校評価ガイドライン［平成28年改訂］」http://www.mext.go.jp/
component/a_menu/education/detail/__icsFiles/afieldfile/2019/01/30/1323515_
021.pdf（2019年9月29日閲覧）。

文部科学省「幼児児童生徒の安全確保及び学校の安全管理についての点検項目（例）
の改訂について」2001年。

文部科学省「『教育情報セキュリティポリシーに関するガイドライン』ハンドブック」
2017年 http://www.mext.go.jp/a_menu/shotou/zyouhou/detail/__icsFiles/afieldfile/
2018/04/10/1397369_002.pdf（2019年9月29日閲覧）。

吉本二郎『学校経営学』国土社，1965年。

第19章
教職員，児童生徒をとりまく教育制度

1　学校教員をとりまく制度，しくみ

学校職員（教職）の位置づけ

　学校には，校長（学長・園長），教員，事務職員，技術職員，その他の必要な職員を置かなければならないとされる。教員には，教頭（2004年4月から副校長），主幹教諭，指導教諭，教諭，助教諭，養護教諭，養護助教諭，栄養教諭，講師が含まれ，職員には学校用務員，給食調理員等が含まれている。そのほか，学校医，学校歯科医，学校薬剤師を置く（学校教育法第7条，第37条1〜19参照，窪田・小川，2019，255〜256ページ）。

　教員の採用は，競争試験によるのではなく，選考によって行われる。任用は，職員の職に欠員が生じた場合に，採用，昇任，降任または転任のいずれかの方法で行う（地方公務員法第17条）。

教員の服務

　日本国憲法第15条には，「すべて公務員は，**全体の奉仕者**であつて，一部の奉仕者ではない」とあり，また地方公務員法第30条には，「すべて職員は，全体の奉仕者として公共の利益のために勤務し，且つ，職務の遂行に当つては，全力を挙げてこれに専念しなければならない」とある。教育基本法第6条第2項（旧法）には「法律に定める学校の教員は，全体の奉仕者であつて，自己の使命を自覚し，その職責の遂行に努めなければならない。このためには，教員の身分は，尊重され，その待遇の適正が，期せられなければならない」とあった。

第**19**章 教職員，児童生徒をとりまく教育制度

改正教育基本法においては，その第９条において「法律に定める学校の教員は，自己の崇高な使命を深く自覚し，絶えず**研究と修養**に励み，その職責の遂行に努めなければならない」とされ，独立条文となった。また従来の「全体の奉仕者」という文言はなくなった。

ユネスコの「**教員の地位に関する勧告**」六には，「教育の仕事は専門職とみなされるべきである。この職業は厳しい，継続的な研究を経て獲得され，維持される専門的知識および特別な技術を教員に要求する公共的業務の一種であり，……」とある。

さらに地方公務員法によれば，**教員の服務**については**職務上の義務**と**身分上の義務**とに分けられ，それぞれ以下のとおりの内容が述べられている。

職務上の義務としては(1)服務の宣誓（地方公務員法第31条），(2)法令等及び上司の職務上の命令に従う義務（地方公務員法第32条），(3)職務に専念する義務（地方公務員法第35条）がある。身分上の義務としては(1)信用失墜行為の禁止（地方公務員法第33条），(2)秘密を守る義務（守秘義務，地方公務員法第34条第１項），(3)政治的行為の制限（地方公務員法第36条第１項），(4)争議行為等の禁止（地方公務員法第37条第１項），(5)営利企業への従事等の制限（地方公務員法第38条，教育公務員特例法第17条第１項）がある。

分限と懲戒

地方公務員法第27条には**分限**と**懲戒**の基準が明記されている。「すべて職員の分限及び懲戒については，公正でなければならない」（地方公務員法第27条）。県費負担教職員の任免，分限または懲戒に関して，地方公務員法の規定により条例で定めるものとされている事項は，都道府県の条例で定める（地方教育行政の組織及び運営に関する法律第43条第３項）。

分限とは，公務員の身分保障を前提とした身分関係の不利益な変動のことであり，職員の道義的責任を問題にしない。分限には免職，降任，休職，降給がある。

分限による免職の事由としては四つが挙げられている（地方公務員法第28条第

207

第Ⅱ部　日本の教育制度と教育の歴史

1項)。(1)勤務実績が良くない場合，(2)心身の故障のため，職務の遂行に支障
があり，またはこれに堪えない場合，(3)以上2点のほか，その職に必要な適格
性を欠く場合，(4)職制もしくは定数の改廃または予算の減少により廃職または
過員を生じた場合。

　懲戒とは，職員の道義的責任を問題にし，義務違反に対する制裁として行わ
れる。懲戒となる場合には，(1)法令違反行為，(2)職務上の義務違反・職務怠慢，
(3)非行がある。

　懲戒処分の種類としては，戒告，減給，停職，免職がある（地方公務員法第29
条第1項)。懲戒事由に該当するとされた事例としては，公金を私的に流用，教
員採用希望者が履歴書を故意に偽った事例，わいせつ行為等が挙げられる。

職員会議の位置づけ

　学校には，設置者（＝教育委員会）の定めるところにより，校長の職務の円
滑な執行に資するため，**職員会議**を置くことができる（学校教育法施行規則第48
条)，職員会議は，校長が主宰する（同第2項）と明記されている。

　これまで職員会議の解釈をめぐっては，(1)議決機関説，(2)諮問機関説，(3)補
助機関説があったが，2000（平成12）年に文部省（当時）が学校教育法施行規則
の改正を行い，職員会議の法的根拠を明確化し，補助機関としての性格を明ら
かにした。

　職員会議の審議事項は，学校の教育方針，教育目標，教育計画，教育課題へ
の対応等に関する職員間の意思疎通，共通理解の促進，職員の意見交換等を行
う（下村，2005，205～206ページ）が，機能としては(1)意思伝達機能，(2)経営参
加機能（協議機能)，(3)連絡調整機能，(4)研究・研修機能に区別できる（同書，
268頁)。

教員の質的向上

　2006（平成18）年に中央教育審議会から出された「今後の教員養成・免許制
度の在り方について」の答申には「教員をめぐる現状」について以下のように

指摘されている。

　大多数の教員は，教員としての使命感や誇り，教育的愛情等を持って教育活動に当たり，研究と修養に努めてきた。そのような教員の真摯な姿勢は，広く社会から尊敬され，高い評価を得てきた。
　しかしながら，現在，教員をめぐる状況は大きく変化しており，教員の資質能力が改めて問い直されている。

　教員の置かれている以上の状況を踏まえ，同答申においては「これからの社会と教員に求められる資質能力」として教員養成と免許制度の改革を挙げている。具体的には(1)教職課程の質的水準の向上，(2)「教職大学院」制度の創設，(3)教員免許更新制の導入，(4)教員養成・免許制度に関するその他の改善方策，(5)採用，研修及び人事管理等の改善・充実，(6)教育に対する信頼の確立に向けての6点を挙げており，今後の教員の質的向上を施策的に整備・充実させてゆく新しい方向性を打ち出している。
　周知のとおり，初等教育，中等教育の教員免許を取得する場合，教職課程が認可された短大，大学をはじめとして教育職員免許法に定められた教科目を漏れなく履修することが求められている。教育職員免許法第1条には「この法律は，教育職員の免許に関する基準を定め，教育職員の資質の保持と向上を図ることを目的とする」とあり，法定上の諸単位を履修し，公立学校の教職員となる場合には各教育委員会が実施する教育職員採用選考試験に合格することが求められる。
　だが近年にみられる教師に対する不信や，教員に関連した問題は，免許法に定められた必要要件を充足するだけで解決されるというものではない。教育職員免許法の定める主旨を十分に理解・実践した上で，さらには望ましい教育観や人間観，倫理観に基づき，教員の人間性の向上と研究と研鑽を中心とした専門性の向上が期待される。
　文部科学省のホームページには，**「魅力ある教員を求めて」**（2003年）がある。

第Ⅱ部 日本の教育制度と教育の歴史

これによれば、「いつの時代にも求められる資質能力」と「今後特に求められる資質能力」とが提言されており、「いつの時代にも求められる資質能力」には、(1)教育者としての使命感、(2)人間の成長・発達についての深い理解、(3)幼児・児童・生徒に対する教育的愛情、(4)教科等に関する専門的知識、(5)広く豊かな教養を指摘し、以上に基づいた「実践的指導力」が求められている。

さらに、「今後特に求められる資質能力」としては、(1)地球的視野に立って行動するための資質能力、(2)変化の時代を生きる社会人に求められる資質能力、(3)教員の職務から必然的に求められる資質能力の三つの大きな視点に言及している。また近年、**養成—採用—研修**の一体化した教員養成改革の動向が浸透しつつある。顕著な例としては、大学等の養成の段階、教育委員会の採用の段階、そして現職においても研修の段階の各段階において、教員が身につけるべき内容を各教育委員会が「**育成指標**」として挙げている。

研修制度

教育職員の研修制度に関する規定は、「職員には、その勤務能率の発揮及び増進のために、研修を受ける機会が与えられなければならない」(地方公務員法第39条)、「教育公務員は、その職責を遂行するために、絶えず研究と修養に努めなければならない」(教育公務員特例法第21条)、「教育公務員には、研修を受ける機会が与えられなければならない」(教育公務員特例法第22条)等があり、教育公務員の自主的な権利としての研修権とともに、任命権者による研修制度の充実を求めている。

教員研修の体系には(1)基本研修(初任者研修、中堅教諭等資質向上研修、校長研修、教頭研修、教務主任研修、生徒指導主事研修等)、(2)専門研修(教科等に関する研修、教育課題に関する研修)、(3)その他(長期派遣研修、校内研修、自主研修、指導改善研修等)があり、教員の研修形態には(1)職務命令として行う場合(研修命令)、(2)職務専念義務を免除されて行う場合(職専免研修)、(3)勤務時間以外に行う場合とがある。

さらに研修の機会として「教員は、授業に支障のない限り、本属長の承認を

受けて，勤務場所を離れて研修を行うことができる」（教育公務員特例法第22条第2項），「教育公務員は，任命権者の定めるところにより，現職のままで，長期にわたる研修を受けることができる」（教育公務員特例法第22条第3項）とあり，それぞれ，教育公務員の学校外での研修を保障し，内外地留学の保障を定めている。

2　子どもをとりまく制度，しくみ

学習権と就学義務

　日本国憲法第26条は，社会権の一つである「教育を受ける権利および教育を受けさせる義務，義務教育の無償」を規定したが，これは特徴的な事柄であった。日本国憲法はこれ以外にも教育に関連した規定として「思想および良心の自由」（第19条），「信教の自由」（第20条），「集会・結社および表現の自由」（第21条），「学問の自由」（第23条），「生存権の保障」（第25条）等を挙げている。

　改正教育基本法第4条には，「すべて国民は，ひとしく，その能力に応じた教育を受ける機会を与えられなければならず，人種，信条，性別，社会的身分，経済的地位又は門地によって，教育上差別されない」とある。また改正教育基本法第5条においては，「国民は，その保護する子に，別に法律で定めるところにより，普通教育を受けさせる義務を負う」とある（学校教育法第17条「就学義務」も参考）。

不登校児童生徒

　文部科学省の調査（2016年）によると，年間30日以上欠席した（病気等の理由によるものを除く）不登校児童生徒数は，13万3683人（小学校3万448人，中学校10万3235人）で，これを全児童生徒数（小学校648万3515人，中学校340万6029人）との関係でみてみると，不登校の子どもの割合は，小学校の場合212人に1人，中学校の場合32人に1人である（文部科学省，2018，176，446ページ。図19-1）。

　小学校の場合，中学校と比較してその割合が低い理由は，さまざまに考えら

第Ⅱ部　日本の教育制度と教育の歴史

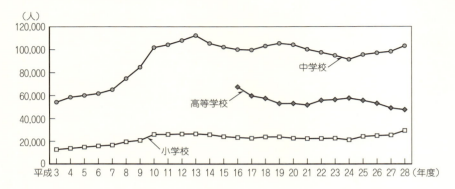

	3年度	4年度	5年度	6年度	7年度	8年度	9年度	10年度	11年度	12年度	13年度	14年度	15年度
小学校	12,645 (0.14)	13,710 (0.15)	14,769 (0.17)	15,786 (0.18)	16,569 (0.20)	19,498 (0.24)	20,765 (0.26)	26,017 (0.34)	26,047 (0.35)	26,373 (0.36)	26,511 (0.36)	25,869 (0.36)	24,077 (0.33)
中学校	54,172 (1.04)	58,421 (1.16)	60,039 (1.24)	61,663 (1.32)	65,022 (1.42)	74,853 (1.65)	84,701 (1.89)	101,675 (2.32)	104,180 (2.45)	107,913 (2.63)	112,211 (2.81)	105,383 (2.73)	102,149 (2.73)
小中合計	66,817 (0.47)	72,131 (0.52)	74,808 (0.55)	77,449 (0.58)	81,591 (0.63)	94,351 (0.75)	105,466 (0.86)	127,692 (1.06)	130,227 (1.11)	134,286 (1.17)	138,722 (1.23)	131,252 (1.18)	126,226 (1.15)

	16年度	17年度	18年度	19年度	20年度	21年度	22年度	23年度	24年度	25年度	26年度	27年度	28年度
小学校	23,318 (0.32)	22,709 (0.32)	23,825 (0.33)	23,927 (0.34)	22,652 (0.32)	22,327 (0.32)	22,463 (0.32)	22,622 (0.33)	21,243 (0.31)	24,175 (0.36)	25,864 (0.39)	27,583 (0.42)	30,448 (0.47)
中学校	100,040 (2.73)	99,578 (2.75)	103,069 (2.86)	105,328 (2.91)	104,153 (2.89)	100,105 (2.77)	97,428 (2.73)	94,836 (2.64)	91,446 (2.56)	95,442 (2.69)	97,033 (2.76)	98,408 (2.83)	103,235 (3.01)
小中合計	123,358 (1.14)	122,287 (1.13)	126,894 (1.18)	129,255 (1.20)	126,805 (1.18)	122,432 (1.15)	119,891 (1.13)	117,458 (1.12)	112,689 (1.09)	119,617 (1.17)	122,897 (1.21)	125,991 (1.26)	133,683 (1.35)
高等学校	67,500 (1.82)	59,680 (1.66)	57,544 (1.65)	53,041 (1.56)	53,024 (1.58)	51,728 (1.55)	55,776 (1.66)	56,361 (1.68)	57,664 (1.72)	55,655 (1.67)	53,156 (1.59)	49,563 (1.49)	48,565 (1.46)

図19-1　不登校児童生徒数の推移

注1：調査対象は，国公私立小・中学校（小学校には義務教育学校前期課程，中学校には義務教育学校後期課程及び中等教育学校前期課程，高等学校には中等教育学校後期課程を含む）。
注2：年度間に連続又は断続して30日以上欠席した児童生徒のうち不登校を理由とする者について調査。不登校とは，何らかの心理的，情緒的，身体的，あるいは社会的要因・背景により，児童生徒が登校しないあるいはしたくともできない状況にあること（ただし，病気や経済的理由によるものを除く）をいう。
注3：カッコ内は，全児童生徒数に占める不登校児童生徒数の割合。
出所：文部科学省（2018, 176ページ）をもとに作成。

第19章　教職員，児童生徒をとりまく教育制度

れるであろうが，(1)児童の発達的状況（思春期を迎える前），(2)校区等による（友人関係・家族交友関係が比較的成立しやすい）ことが考えられる。

　中学校の場合，(1)思春期を迎え，対人関係の構築に困難を来す場合があり，人間関係（親，友人，教師と本人との関係）の問題，生徒自身の問題，(2)学習上の問題，たとえば学習内容も複雑になりがちであり，進学・受験という競争を前提とした学習環境が想定される点等である。

　不登校児童生徒に対する対応について，教育委員会が主催する「適応指導教室」に参加する場合，出席扱いとなり，また一部の NPO 法人による民間施設についても一定の要件を満たすものであれば指導要録上，出席扱いにできるとされる。今後は教育や学習の質を確保しつつ，多様な学びによる指導方法のあり方が求められる。

いじめ

　「いじめ防止対策推進法」（2013年）において，「この法律において『いじめ』とは，児童等に対して，当該児童等が在籍する学校に在籍している等当該児童等と一定の人的関係にある他の児童等が行う心理的又は物理的な影響を与える行為（インターネットを通じて行われるものを含む。）であって，当該行為の対象となった児童等が心身の苦痛を感じているもの」を指す（第２条）。

　文部科学白書によれば，2016（平成28）年度の，全国の国公私立の小中高および特別支援学校におけるいじめの認知件数は，約32万3000件で，いじめを認知した学校数は約２万6000校とあり，学校総数に占める割合は，約68.3％である（文部科学省，2018，172ページ）。

　いじめは決して許されるものではなく，教員にとっても毅然とした態度で対応することが求められる。「いじめ防止対策推進法」第４条では，いじめの禁止として「児童等は，いじめを行ってはならない」と示されている。また学校設置者のいじめ防止への責務（第７条）や，教職員に対しても「学校及び学校の教職員は，……いじめの防止及び早期発見に取り組むとともに，……在籍する児童等がいじめを受けていると思われるときは，適切かつ迅速にこれに対処

213

第Ⅱ部　日本の教育制度と教育の歴史

する責務を有する」（第8章）といじめ防止への責務が述べられている。

　近年とくに目立った動向としては，インターネットを通して行われるいじめが挙げられる。これはインターネットをどう取り扱うかとの問題とも関係するが，操作する者の心の問題として，たとえば道徳教育でいじめになりうる状況を考察させたり，他者理解の精神や規範精神など，学校教育活動全体として取り組むべき内容として考えなければならない。

　さらに児童等の生命，心身または財産に重大な被害が生じた疑いのある場合などの重大事態については，学校内に調査組織を設け，事実関係を明確にするための調査を行い，いじめを受けた児童等およびその保護者に対して，情報提供を行うことが示されている。また同様の問題を生じさせないため，いじめ防止のための取り組みを継続して行う必要がある。2017（平成29）年には「いじめ防止等のための基本的な方針」が改訂され，いじめに対する留意事項や具体例（各教育委員会で重大事態として取り扱った例）などが示されている。

特別支援教育

　文部科学省のホームページによれば，「『特別支援教育』とは，障害のある幼児児童生徒の自立や社会参加に向けた主体的な取組を支援するという視点に立ち，幼児児童生徒一人一人の教育的ニーズを把握し，その持てる力を高め，生活や学習上の困難を改善又は克服するため，適切な指導及び必要な支援を行うもの」と述べられている。

　2005（平成17）年に中教審の答申「特別支援教育を推進するための制度の在り方について」においては，従来の盲・聾・養護学校の制度を改め，LDやADHD，高機能自閉症等も含め障害のある児童生徒が通常の学級に在籍する場合も含め，一人一人のニーズに応じた特別な支援を行うため，新たに「特別支援学校」，特別支援学級等について法整備してゆくことを位置づけた。

　文部科学省の資料によれば，特別支援教育の対象は，義務教育段階の全児童生徒数989万人のうち，障害の程度に応じて，(1)特別支援学校（0.7％，約7万2000人），(2)各小学校，各中学校の「特別支援学級」（2.4％，約23万6000人）と通

第19章　教職員，児童生徒をとりまく教育制度

常の学級における「通級による指導」（1.1％，約10万9000人）とに分けられ，それぞれの割合が示されている（以上の数値は2017年。文部科学省，2018，203ページ）。さらに学級担任によって LD や ADHD，高機能自閉症等と判断された発達障害の可能性がある児童生徒の割合は，全児童生徒のうち，6.5％程度の在籍率であるという。

　こうした状況を踏まえ，特別支援教育に関する指導の充実，交流および共同学習の充実，教材の充実，教師の専門性の向上，自立と社会参加を推進するための職業教育等の充実が図られている。

懲戒と体罰

　2016（平成28）年に，全国国公私立の小学校，中学校，義務教育学校，高等学校，中等教育学校，特別支援学校（3万6945校）のうち，教育委員会等が把握した体罰の発生学校数は748校であった。体罰時の状況としては授業中が最も多く，場所も教室が最も多い。体罰の態様は，「素手で殴る・叩く」が最も多い（文部科学省ホームページ）。学校教育法第11条は，「校長及び教員は，教育上必要があると認めるときは，文部科学大臣の定めるところにより，児童，生徒及び学生に懲戒を加えることができる。ただし，体罰を加えることはできない」と「体罰の禁止」を明言している。

　「体罰」とは，懲戒の内容が身体的性質のものである場合を意味する。1948年の法務府の「生徒に対する体罰禁止に関する教師の心得」によれば，(1)用便にいかせなかったり食事時間が過ぎても教室に留め置くことは肉体的苦痛を伴うから体罰となり，学校教育法に違反する，(2)遅刻した生徒を教室に入れず，授業を受けさせないことはたとえ短時間であっても義務教育では許されない，(3)授業時間中，怠けたり，騒いだからといって生徒を教室外に出すことは許されない。教室内に立たせることは体罰にならない限り懲戒権内として認めてよい，とある。

　他方，「懲戒」とは，学校教育法施行規則第26条において，

215

第Ⅱ部　日本の教育制度と教育の歴史

①　校長及び教員が児童等に懲戒を加えるに当つては，児童等の心身の発達
　　に応ずる等教育上必要な配慮をしなければならない。

②　懲戒のうち，退学，停学及び訓告の処分は，校長（大学にあつては，学長
　　の委任を受けた学部長を含む。）が行う。

③　前項の**退学**は，公立の小学校，中学校（学校教育法第七十一条の規定によ
　　り高等学校における教育と一貫した教育を施すもの（以下「併設型中学校」とい
　　う。）を除く。），義務教育学校又は特別支援学校に在学する学齢児童又は学
　　齢生徒を除き，次の各号のいずれかに該当する児童等に対して行うことが
　　できる。

一　性行不良で改善の見込がないと認められる者

二　学力劣等で成業の見込がないと認められる者

三　正当の理由がなくて出席常でない者

四　学校の秩序を乱し，その他学生又は生徒としての本分に反した者

④　第二項の**停学**は，学齢児童又は学齢生徒に対しては，行うことができな
　　い。

と述べられている。

出　席　停　止

出席停止には，(1)性行不良による出席停止と，(2)伝染病による出席停止の2
種類がある。性行不良の出席停止の場合，その要件として(1)他の児童に傷害，
心身の苦痛又は財産上の損失を与える行為，(2)職員に傷害又は心身の苦痛を与
える行為，(3)施設又は設備を損壊する行為，(4)授業その他の教育活動の実施を
妨げる行為，の4点を挙げている（学校教育法第35条）。

　2016（平成28）年に，全国の公立の小学校，中学校において出席停止の処置
がとられた件数は，18件であった（小学校4件，中学校14件）。その内訳は，暴
力行為（対教師暴力12件，生徒間暴力6件）である（文部科学省ホームページ）。

　また出席停止を命ずる場合，「市町村の教育委員会は，……あらかじめ保護

第19章　教職員，児童生徒をとりまく教育制度

者の意見を聴取するとともに，理由及び期間を記載した文書を交付しなければ
ならない」（学校教育法第35条第2項）とし，「……出席停止の命令に係る児童の
出席停止の期間における学習に対する支援その他の教育上必要な措置を講ず
る」（学校教育法第35条第4項）とされている。

参考文献

解説教育六法編修委員会編『解説教育六法2018　平成30年版』三省堂，2018年。
窪田眞二・小川友次編『教育法規便覧　平成30年度版』学陽書房，2018年。
窪田眞二・小川友次編『教育法規便覧　2019年版』学陽書房，2019年。
下村哲夫『教育法規便覧　平成17年度版』学陽書房，2005年。
水本徳明編『総合教育技術』7月号増刊「教育法規2018」，小学館，2018年。
文部科学省編『文部科学白書　平成29年』日経印刷，2018年。
文部科学省ホームページ「特別支援教育について」http://www.mext.go.jp/a_menu/
　shotou/tokubetu/main.htm（2019年8月24日閲覧）。
文部科学省ホームページ「平成28年度『児童生徒の問題行動・不登校等生徒指導上の
　諸課題に関する調査』（速報値）について」http://www.mext.go.jp/b_menu/houdou/
　29/10/__icsFiles/afieldfile/2017/10/26/1397646_001.pdf（2019年9月29日閲覧）。
文部科学省ホームページ「魅力ある教員を求めて」http://www.mext.go.jp/a_menu/
　shotou/miryoku/__icsFiles/afieldfile/2016/11/18/1222327_001.pdf（2019年9月29
　日閲覧）。

人名索引

あ 行

アウグスティヌス，A.　18
赤井米吉　157
アクィナス，T.　20
芥川龍之介　160
芦田恵之助　161
新井白石　126, 127
アリストテレス　5, 9, 10, 20
アレクサンドル1世　59
安藤昌益　128
池田光政　124, 127
池田勇人　172
石田梅巌　125
石上宅嗣　115
イタール，J. M. G.　78
一遍　119
伊藤仁斎　128
伊藤博文　129, 143, 144
稲毛詛風（稲毛金七）　155
井上毅　149
イリッチ，I.　87
ヴィヴェース，J. L.　24
ヴィットリーノ　24
ヴィネケン，G.　73
ウェーバー，M.　136
植木枝盛　142
上杉憲実　117, 118
ウォッシュバーン，C. W.　77
ヴォルテール　38, 45
ウシンスキー，K. D.　59, 61, 69
内村鑑三　150
ヴント，W. M.　67
栄西　119
エカチェリーナ2世　58
江藤新平　135
エラスムス，D.　24

か 行

及川平治　155, 161
オウエン，R.　51
王陽明　127, 128
大木喬任　135
大原幽学　128
大村益次郎　129, 132
緒方洪庵　131, 140
荻生徂徠　128
長田新　156
小原國芳　155, 156, 158
オルセン，E. G.　85

貝原益軒　127
荷田春満　129, 130
片山伸　155
賀茂真淵　130
ガリレイ，G.　29
カルヴァン，J.　26
観阿弥　119
菅茶山　128
カント，I.　43, 54, 66
カンペ，J. H.　37
キケロ，M. T.　14, 23
鬼室集斯　112
ギゾー，F. P. G.　55
北原白秋　160
木下順庵　126
木下竹次　161
キルパトリック，W. H.　75, 76, 79
クインティリアヌス　14, 23, 24
空海　115
グーツムーツ，J. C. F.　45
クセノホン　23
熊沢蕃山　124, 127
クラーク，W. S.　147
クリーク，E.　68

人名索引

クリトン　8
クルプスカヤ，N. K.　70
クロムウェル，O.　46
ケイ，E.　39, 73, 78, 154
契沖　129, 130
ゲヘーブ，P.　73
ケルシェンシュタイナー，G.　67
孔子　126
河野清丸　155
河野敏鎌　143
弘法大師　115
五代友厚　144
コナント，J. B.　85
コメニウス，J. A.　29-33, 72
コンドル，J.　147
コンドルセ　45, 49

さ　行

西条八十　160
最澄　114
櫻井祐男　160
ザビエル，F. de　27, 118
ザルツマン，C. G.　44, 45
沢柳政太郎　156
シーボルト，P. F. B. v.　131
ジェームス，W.　75
ジェームズ1世　35
ジェファーソン，T.　48
幣原喜重郎　165
品川弥二郎　129
柴田鳩翁　125
下中弥三郎　160
朱子（朱熹）　126
シュタイナー，R.　74, 154
シュプランガー，E.　68
シュライエルマハー，F. D. E.　68
シュルテス，A.　41
聖徳太子　111
シラー，J. C. F. v.　64
シルバーマン，C. E.　85
ジンメル，G.　68
親鸞　119

菅原道真　116
杉田玄白　131
鈴木三重吉　160
ストッダート，G. D.　166
スペンサー，H.　61, 69
世阿弥元清　119
清少納言　116
セガン，É.　78
ソクラテス　5-8

た　行

ダ・ヴィンチ，L.　22
ダーウィン，C. R.　69
ダヴィッド，J.-L.　49
谷本富　66
田山花袋　146
ダランベール，J. L. R.　45
千葉命吉　155
チラー，T.　66
津田梅子　135
ディドロ，D.　45
ディルタイ，W.　68
デカルト，R.　30
手島堵庵　125
手塚岸衛　155
デューイ，J.　72, 75, 76, 79, 154, 166
天智天皇　112
道元　119
ドクロリ，J.-O.　79
ドモラン，E.　72, 73
トルストイ，L. N.　59

な　行

ナウマン，H. E.　147
中江藤樹　127
中村正直　141
夏目漱石　160
ナトルプ，P. G.　66, 67
ナポレオン　49, 54, 55, 59
南原繁　166
新美南吉　160
ニイル，A. S.　73

219

ニコライ1世　59
西周　141
西田幾多郎　153
西村伊作　159
西村茂樹　141
日蓮　119
二宮尊徳　125
ノール，H.　68
野口援太郎　160

は　行

パーカー，F. W.　75
パーカスト，H.　77, 156, 157
バーナード，H.　58
ハウスクネヒト，E.　66
パウルゼン，F.　68
バグリー，W. C.　79
橋本左内　132
バセドウ，J. B.　37, 44
塙保己一　130
羽仁もと子　158
林信篤　122
林羅山（道春）　121, 122, 128
樋口長市　155
ビスマルク，O. v.　54
ピョートル大帝　35, 58
平田篤胤　130
広瀬淡窓　129
フィヒテ，J. G.　54, 64
ブーバー，M.　89
フェノロサ，E. F.　147
福沢諭吉　127, 132, 140
藤原惺窩　122, 126
藤原時平　116
プラトン　5, 7-10
フランクリン，B.　48
フランクル，V. E.　90
フリードリッヒ・ヴィルヘルム1世　34
フリードリッヒ・ヴィルヘルム2世　34
フリードリッヒ大王　34
ブルーナー，J. S.　87
プルターク　23

フルベッキ，G. H. F.　147
フレーベル，F. W. A.　39, 40, 43, 51, 61-63,
　72, 75
ブレジネフ，L. I.　106
フロイト，S.　73
プロタゴラス　6
フンボルト，K. W. v.　54
ベーコン，F.　30
ペスタロッチ，J. H.　33, 37, 40-42, 54, 61, 63,
　64, 66, 72, 75
ベル，A.　50, 51
ベルゲマン，P.　67
ベルツ，E. v.　147
ベルトワン，J. M.　83
ヘルバルト，J. F.　40, 61, 63-67, 75
ボアソナード，G. E.　147
北条実時　117
北条重時　117
法然　118, 119
細井平洲　129
ホメロス　3, 23
ボルノー，O. F.　31, 68, 89

ま　行

前野良沢　131
マカレンコ，A. S.　70
マン，H.　57
無着成恭　161
紫式部　116
室鳩巣　127
明治天皇　133, 149
メランヒトン，P.　26
モイマン，E.　67
モース，E. S.　147
本居宣長　130
元田永孚　142, 143, 149
森有礼　141, 144
モルレー，D.　147
モンテーニュ，M. E. de　30
モンテッソリ，M.　78, 79, 154

人名索引

や 行

山鹿素行　128
山県有朋　149
山上憶良　113
山本鼎　161
唯円　119
ユークリッド　11
ユリアヌス，F. C.　17
与謝野晶子　159
芳川顕正　149
吉田松陰　129
吉野作造　153

ら・わ 行

ラ・シャロッテ，L.-R. de C de.　45
ライン，W.　66, 67

ラ・サール，J.-B. de　35
ラトケ，W.　30
ラファエロ　10
ラブレー，F.　30
ランカスター，J.　50, 51
ラングラン，P.　87
リーツ，H.　72
リット，T.　68
ルソー，J.-J.　33, 37, 38, 40, 44, 45, 63, 64, 69,
　72, 78
ルター，M.　25
レディ，C.　72, 73
ロック，J.　37, 38
ロヨラ，I. L. de　27
和辻哲郎　153
王仁　111

221

事項索引

あ 行

『愛と規律の家庭教育』　70
『赤い鳥』　160
アカデメイア（学派）　5, 8, 9
悪人正機説　119
足利学校　117
芦屋児童の村小学校　160
アビ革命　82
アビトゥア　81, 105
アボツホルムの学校　73
アメリカ教育使節団　166
アメリカ独立宣言　48
『蟻の書』　44
アンシャン・レジーム　35
イートン校　84
イヴェルドン　43
イエズス会学事規定（ラティオ・ストディオー
　　ルム）　27
生きる力　177, 178
いじめ　213
いじめ防止対策推進法　213
一条校　173
一般地方学事通則　34
一般ドイツ幼稚園　62
『田舎教師』　146
『イリアス』　3
『隠者の夕暮れ』　41
ヴァージニア・プラン　77
ヴィッケルスドルフ自由共同体　73
ヴィッテンベルク　26
ウィネトカ・プラン　77
『うひ山ぶみ』　130
ウエストミンスター校　84
『迂言』　129
ウッズ・ホール　86
芸亭　115

英国内外学校協会　51
『英雄伝』　5
『易経』　126
エッセンシャリスト委員会　79
エッセンシャリズム（本質主義）　79
『エミール』　37-40
嚶鳴館　129
往来物　120, 123, 124
OECD　107
オーデンヴァルト校　73
『翁問答』　127
お玉が池種痘所　132
『オデュッセイア』　3
お雇い外国人　147
『オルターナティヴズ』　87
オルビス・ピクトゥス　32
『女大学』　127
恩物　62

か 行

改心楼　128
改正教育令　143
開成所　132
『解体新書』　131
『懐風藻』　112
学館院　113
学事奨励に関する被仰出書　138
学習権　211
学習指導要領　170
『学習法論』　24
学徒出陣　163
『学問芸術論』　38
『学問のすすめ』　140
『学問論』　24
学力低下論争　180
学級経営　197
学級の弾力的編制　174

事項索引

学区制　137
学校安全　201
学校維持法　34
学校教育法　170
学校事故　203
『学校と社会』　76
学校評価　194
学校評価ガイドライン　182, 194
学校評議員制度　178
学校保健安全法　183
学校令　145
課程主義　34
『花伝書（風姿花伝）』　119
金沢文庫　117
仮名文字　116
『蟹の書』　44
『神の国』　18
カリキュラム・マネジメント　186
カリフォルニア・プラン　77
『ガルガンチュア物語』　30
勧学院　113
感覚的実学主義　30
咸宜園　129
完全学校週五日制　178, 180
官僚制　136
幾何　19
危機管理マニュアル　184
雉塾　126
騎士道　19
ギゾー法　55
期待される人間像　172
義務教育学校　185
義務教育諸学校の教科用図書の無償措置に関す
　　る法律　173
義務教育標準法　174
義務就学令　34
ギムナジウム　81, 103
『鳩翁道話』　125
95か条の提題　25
教育委員会　58, 165
教育委員会法　170
教育家委員会　166

『教育科学綱要』　68
『教育学講義』　44
『教育学講義綱要』　64
教育課程改造運動　77
教育基本法　167, 170
教育基本法（アビ法）　101
教育基本法（ジョスパン法）　102
教育基本法の改正　182
教育再生実行会議　184
教育刷新委員会　166
『教育詩』　70
教育職員の研修制度　210
教育振興基本計画　183
教育勅語　147
教育的危機　88
教育投資論　172
教育内容の現代化　173
『教育に関する若干の考察』　38
教育に関する勅語（教育勅語）　149
教育二法　171
『教育の過程』　87
教育令　142
『教育論』　69
教員免許更新制度（免許状更新講習）　182,
　　183
『饗宴』　8
教学聖旨　142
教科書採択に関わる贈収賄事件　151
『教義問答書（カテキズム）』　26
『教行信証』　119
『教室の危機』　85
教師の倫理綱領　171
キリスト教学校同胞団　35
『キリスト教学校の全体計画』　30
『キリスト教教会の改善に関してドイツのキリ
　　スト者貴族に与える書』　26
キリスト教知識普及協会（SPCK）　47
近代公教育制度　100
クインシー運動　75
『愚神礼讃』　24
グラマー・スクール　26, 73, 84, 98
グルントシューレ（基礎学校）　82

223

訓戒　89
『群書類従』　130
経験主義　76
経験の再構成　76
形式的段階　65
『形而上学』　9
経世済民　128
啓明会　160
啓蒙的専制君主　34
月旦表　129
『ゲルトルートはいかにその子を教えるか』
　　43
薤園塾　128
『源氏物語』　116
遣隋使　111
検定制　150
遣唐使　111
コア・カリキュラム　66, 77
郷学　124
公教育　53
公教育の一般組織に関する報告案　49
公共の精神　183
興譲館（米沢）　123
工場法（1819年）　52
『興禅護国論』　119
高等学校令　162
弘道館（水戸）　123
高等師範　145
高等小学校　146
高等専門学校　95, 173
高等中学校　146
弘文院　113
公民教育　67
『公民教育の概念』　67
公民権法　97
校務分掌　198, 199
高野山　115
功利主義　136
ゴーリキー労働コローニャ　70
コールマン報告　85
『語学入門』　32
古学派　128

古義堂　128
五経　126
国学　112, 113, 129
国際連合　86, 172
国際連盟　86
国定教科書　152
国定制　150
『告白』　18
国防教育法　85
国民皆学　138
国民学寮　50
国民学校　162
国民学校令　162
『国民教育と民主主義』　70
『国民教育論』　45
孤児院　43
『古事記』　111, 112
『古事記伝』　130
ゴシック様式　17
御真影　149
個人情報の保護に関する法律（個人情報保護法）
　　199, 200
五段階教授法　66
『国家』　8
国家防衛教育法　96
子どもの家　78
コナント報告　85
古文辞学　128
コミュニティ・カレッジ　98
コミュニティ・スクール　85
『語孟字義』　128
コモン・エッセンシャルズ　77
コモン・スクール　57, 58, 95
コレージュ　26, 27, 35, 55, 82, 101, 102
コンプリヘンシブ・スクール　→統合制中等学校

さ　行

サマーヒル学園　73
サレルノ大学　20
産業革命　50, 61, 98
『三経義疏』　112
『山家学生式』　115

事項索引

『三教指帰』　115
算術　19
三船の才　116
産婆術（助産術，問答法）　7, 8
サン・ピエトロ教会　25
シーボルト事件　131
ジェスイット（イエズス会）活動　45
『詩経』　126
時習館（熊本）　123
四書五経　126, 128
閑谷学校　124
自然科学　37
慈善学校　47
『自然真営道』　128
実学主義教育　29, 37
『実験教育学』　67
『実語教』　115, 120, 124
『実際的教育学』　157
『実践理性批判』　43
実存主義　88
実存的教育行為　89
実存的出会い　90
『実存哲学と教育学』　88
児童虐待の定義　179
児童虐待の防止等に関する法律（児童虐待防止法）　178
児童権利宣言　86
児童中心主義　75
児童の権利宣言　172
児童の権利に関する条約　86, 177
『児童の世紀』　39, 78, 154
児童の村小学校　160
師範学校　146
師範学校令　145
社会科　170
社会教育法　170
『社会契約論』　38
『社会的教育学』　66, 67
社会的実学主義　30
社会に開かれた教育課程　186
11歳試験（イレブン・プラス試験）　83, 84
自由ヴァルドルフ学校　74

自由画教育運動　161
宗学　126
自由学園　158
就学義務　211
自由教育令　142
宗教寛容令　46
修辞学　19
修身　143
儒教主義の教育　143
授業料の受益者負担　137, 138
綜芸種智院　115
朱子学　121, 122, 128
主体的・対話的で深い学び　186
『シュタンツ便り』　43
出席停止　216
『春秋』　126
『純粋理性批判』　43
『純道真伝』　128
荘園制社会　33
生涯学習　87
「生涯教育について」　174
奨学院　113
松下村塾　129
小学校令　58, 146
小学校令改正　150
消極教育　39, 78
消極的教育論　38
庠序　112
少年教育係（パイダゴーゴス）　5
少年団（ピオネール）　70
消費者教育の推進に関する法律　184
昌平坂学問所　121, 122
『正法眼蔵』　119
逍遥学派　9
『書経』　126
助教法　51
食育基本法　180
職員会議　178, 208
初等学校の無償制　100
初等教育法　55
初等中等教育法　97
『新女大学』　127

225

進化論的功利主義　69

新教育運動　72, 76, 154

紳士教育論　38

『新社会観』　52

新自由主義（ネオ・リベラリズム）　175, 194

尋常師範　145

尋常小学校　146

尋常中学校　146

人文的実学主義　30

進歩主義　→プログレッシヴィズム

進歩主義教育　79

進歩主義教育運動　75, 79

進歩主義教育観　77

進歩主義教育協会　75

スイス革命　40

『随想録（エッセー）』　30

スコラ哲学　20

鈴屋　130

スパルタ　4, 13

スプートニク・ショック　85, 96, 173

墨塗り教科書　167

性格形成学院　51

生活即教育　76

生活による生活のための学校　79

清教徒（ピューリタン）革命　46

『聖教要録』　128

『政治学』　9, 10

精神白紙説（タブラ・ラサ）　37

精神分析　73

精選　174

『政談』　128

「生徒指導提要」　184

青年学校令　162

『青年心理学』　68

『生の諸形式』　68

『世界図絵』　32, 33

責任論（アカウンタビリティ）　97

石門心学　125

絶対主義　33, 35

設置基準　194

選挙権　185

全国共通カリキュラム　100

千字文　111

専修学校　95

専修念仏　118

『全人教育論』　159

『選択本願念仏集』　118

全体の奉仕者　206

総合制学校（ゲザムトシューレ）　103

総合的な学習の時間　178

造士館（鹿児島）　123

疎開　163

束脩　137

俗人教育　123

『ソクラテスの弁明』　8

ソビエト社会主義　70

ソフィスト　5, 6, 9

尊王思想　129

尊王攘夷運動　129

た 行

『ターヘル・アナトミア』　131

退学　216

『大学』　126

大学　112, 113

大学頭　122

大学別曹　113

大学寮　113

大学令　95, 162

大化の改新　111

『大教授学』　31, 32

大試業　141

大正自由教育（大正新教育）　154

『大日本史』　129

体罰　215

大宝律令　111, 113

『武田信玄家法』　117

太宰権帥　116

『脱学校の社会』　87

玉川学園　158

『玉くしげ』　130

多面的興味　65

単線型（学校体系）　92, 95, 168, 169

『歎異抄』　119

事 項 索 引

地域社会学校　85
小さな学校　35
チームとしての学校　185
『竹馬抄』　117
知行合一（一致）　127
知識の一般普及に関する法案（知識普及促進法
　　案）　48
中央教育審議会　171
中央集権国家　112
中学校令　146
中心統合法　66
中等学校令　163
『中庸』　126
懲戒　207, 208
直観教授　32
地理科　75
追随的教育　39
綴り方教育運動　161
停学　216
『庭訓往来』　120, 124
帝国大学　145
帝国大学令　145
適応指導教室　213
適塾　132, 140
テクニカル・スクール　84, 98
手習い所　123
寺子屋　123
田園家塾　73
田園教育舎　73
伝統的教育学　88
天文方　132
『ドイツ国民に告ぐ』　54
東京女子師範学校　62
統合制中等学校（コンプリヘンシブ・スクー
　　ル）　84, 98
統合制ハイスクール　85
『童子教』　120, 124
藤樹書院　127
『「塔」の上の旗』　70
道話　125
徳育論争　143
『読史余論』　126

特別支援学校　181
特別支援教育　181, 214
特別の教科道徳　184
徒弟の健康及び道徳に関する法律　50
ドヌー法　50
『都鄙問答』　125
ドルトン・プラン　77

な　行

ナショナリズム　61
「為すことによって学ぶ」　75, 76
七自由科　5, 19
鳴滝塾　131
「汝自身を知れ」　7
『ニコマコス倫理学』　9
日新館（会津）　123
日本教職員組合（日教組）　170
日本国憲法　165
『日本書紀』　111-113
『人間精神進歩史』　49
『人間の意味探究』（『夜と霧』）　90
『人間の教育』　62
『人間不平等起源論』　38
ネオリベラリズム　→新自由主義
ノイホーフ　41, 43
農民救済　128

は　行

ハイ・スクール　58
バウチャー・プラン　85
ハウプトシューレ　103
バカロレア　83
『白鳥の歌』　43
バタビア・プラン　85
八大教育主張　155
発見学習　87
バトラー法　83
花畠教場　127
『母の歌と愛撫の歌』　62
パブリック・スクール　26, 84
パリ大学　20
バロック　29, 31

227

汎愛学院　44
藩学校（藩学，藩校）　121, 123
藩書調所　121, 132
汎神論　62
『パンタグリュエル物語』　30
『判断力批判』　43
汎知（パンソフィア）　32
坂東の大学　118
万有在神論　63
PDCA サイクル　195
非国教アカデミー　47
非国教徒　46
筆頭科目　143
ビデールズ校　73
ビブリオテーケー　11
百科全書派　45
ヒューマニズム（人文主義）　4, 22, 23, 25
ピューリタン革命　→清教徒革命
『病理通論』　132
非連続的教育形式　88
貧民教育のための国民教会　51
フィッシャー法　56, 83
フィラデルフィア　48
フェリー法　101
フォアシューレ　81
フォスター法　56
フォルクスシューレ　81, 82
部活動指導員（制度）　185
『武教全書』　128
複線型（学校体系）　92, 168
服務　207
不敬事件　150
不登校児童生徒　211
学識頭　112
プラウデン報告書　100
プラグマティズム（道具主義・実験主義）
　75
フランス革命　40, 49
ブレーメン・プラン　82
プログレッシヴィズム（進歩主義）　72, 79
プロジェクト法　76
文化学院　159

文化教育学　68
『文化と教育』　68
分岐型（学校体系）　92, 98, 168, 169
文教政策　121
分限　207
兵役義務　105
ベルトワン改革　82, 83
ベルトワン教育改革令　101
ベル・ランカスター法　51
ペレストロイカ　107
ヘレニズム　11-13, 17
弁証法　20
『弁道』　128
奉安殿　149
『北条重時家訓（極楽寺殿御消息）』　117
報徳教　125
『法律』　8
ポエニ戦争　13
ポリス　3
ボローニャ大学　20
本質主義　→エッセンシャリズム

ま　行

マグネット・スクール　97
『枕草子』　116
『貧しきリチャードの暦』　48
学び続ける教員　185
「学びのすすめ」　179
『万葉集』　113, 129
御影児童の村小学校　160
ミュンヘンブーフゼー　43
明経道　112, 113
明法道　112, 113
民間人の校長　178
『民主主義と教育』　76
ムーセイオン　11
無知の知　7, 8
名誉革命　35, 37, 46
明倫館（長崎）　121
明倫館（長州）　123
明倫堂（尾張）　123, 129
明倫堂（摂津）　124

事項索引

『明六雑誌』 141
明六社 140
『メノン』 8
免罪符 25
『孟子』 126, 128
モダン・スクール 84, 98
モニトリアル・システム 51
文章院 113
文章道 112
問題解決学習 75, 77
『モンテッソリ法』 78
問答法 →産婆術
文部科学省 179
文部省 134, 135

や 行

ヤスナヤ・ポリャーナ 59
『山びこ学校』 161
有備館 124
『雄弁家の教育』 14
『雄弁家論』 14
湯島聖堂 122
ユダヤ教 16
ゆとり 173
ユネスコ（UNESCO） 86, 207
ユネスコ憲章 86
ユマニスト 30
養護学校義務教育制 174
『幼児教育論』 24
『養生訓』 127
幼稚園 62
陽明学 127, 128
『夜と霧』→『人間の意味探求』
四段階教授法 65, 66

ら・わ 行

ラーメン・プラン 82

『礼記』 126
ラグビー校 84
ランジュバン・ワロン改革案 83, 101
リアリズム 29
『リーンハルトとゲルトルート』 42
『六諭衍義大意』 126
リセ 26, 83, 101, 102
『立正安国論』 119
立身出世 136
『立法と嬰児殺し』 42
『留魂録』 129
リュクルゴスの法 5
リュケイオン 9
臨時教育会議 161
臨時教育審議会 175, 193
倫理学 64, 65
ルネサンス 22, 25, 29
ルペルチェ案 49
レアルシューレ 103
連合国軍総司令部（GHQ） 165
廉塾 128
連続的教育形式 88
労作教育 67
『労作教育の概念』 67
6・3・3・4年制 170
ロゴセラピー（実存分析） 90
ロシア革命 153
ロッシュの学校 73
ロマネスク様式 17
ロマンティーク 61
『論語』 111, 126, 128
『論語古義』 128
和学講談所 121, 130
『和俗童子訓』 127
『われとなんじ』 90

229

《著者紹介》

広岡　義之（ひろおか・よしゆき）　第Ⅰ部，第Ⅱ部第12，13章

1958年生まれ。関西学院大学大学院文学研究科博士課程（教育学専攻）単位取得満期退学。博士（教育学）。
現　　在　神戸親和女子大学教育学部・同大学院教授
専　　攻　教育学（教育人間学・教育哲学）
主　　著　『ボルノー教育学研究　増補版　上・下巻』風間書房，2018／2019年
　　　　　『フランクル教育学への招待』風間書房，2008年
　　　　　『ボルノー教育学入門』風間書房，2012年
　　　　　『教育の本質とは何か』ミネルヴァ書房，2014年
　　　　　『フランクル人生論入門』新教出版社，2014年
　　　　　『森有正におけるキリスト教的人間形成論』ミネルヴァ書房，2015年
　　　　　パーマーほか編著『教育思想の五〇人』（共訳）青土社，2012年
　　　　　フランクル『人生の意味と神』（共訳）新教出版社，2014年
　　　　　フランクル『絶望から希望を導くために』（共訳）青土社，2015年
　　　　　フランクル『虚無感について』（共訳）青土社，2015年
　　　　　レーブレ『教育学の歴史』（共訳）青土社，2015年

津田　徹（つだ・とおる）　第Ⅱ部第14〜19章

1970年生まれ。京都大学大学院文学研究科修士課程修了，関西学院大学大学院博士課程単位取得満期退学。修士（思想文化学）（文学）。
現　　在　神戸芸術工科大学芸術工学教育センター教授
専　　攻　教育学（教育思想・教育哲学）
主　　著　『はじめて学ぶ教職論』（共著）ミネルヴァ書房，2017年
　　　　　「アリストテレスのピリアー論―― egoism と altruism 検討」京都大学編『古代哲学研究室紀要』第7号，1997年
　　　　　「アリストテレスの教育哲学――人間形成の目的としての幸福（エウダイモニア）をめぐる諸問題について」芦屋大学編『芦屋大学論叢』第42号，2005年　ほか

はじめて学ぶ教育の制度と歴史

| 2019年11月30日　初版第1刷発行 | 〈検印省略〉 |
| 2023年2月10日　初版第2刷発行 | |

定価はカバーに
表示しています

著　　者	広	岡	義	之
	津	田		徹
発 行 者	杉	田	啓	三
印 刷 者	中	村	勝	弘

発行所　株式会社　ミネルヴァ書房

607-8494　京都市山科区日ノ岡堤谷町1
電話075-581-5191／振替01020-0-8076

© 広岡・津田, 2019　　　　　中村印刷・藤沢製本

ISBN978-4-623-08772-3

Printed in Japan

時代背景から読み解く西洋教育思想　藤井千春　編著　本体二五〇〇円　A5判　二四〇頁

日本教育史　平田諭治　編著／吉田武男　監修　本体二二〇〇円　B5判　二一二頁

西洋教育史　尾上雅信　編著／吉田武男　監修　本体二二〇〇円　B5判　二〇八頁

教育課程を学ぶ　関根明伸・貝塚茂樹・藤田祐介・山田恵吾　著　本体二三〇〇円　A5判　二三二頁

はじめて学ぶ教職論　広岡義之　編著　本体二六〇〇円　A5判　二四〇頁

───── ミネルヴァ書房 ─────
https://www.minervashobo.co.jp/